EDITORA DO CONHECIMENTO

Auxiliando a humanidade a encontrar a Verdade

História da Umbanda no Brasil

Volume 7

História da Umbanda no Brasil - Vol.7

Diamantino Fernandes Trindade (Org.)

Todos os direitos desta edição reservados à
CONHECIMENTO EDITORIAL LTDA.
Fone/Fax: 19 3451-5440
www.edconhecimento.com.br
vendas@edconhecimento.com.br

Projeto gráfico: Sérgio Carvalho
Ilustração da capa: Banco de imagens
ISBN 978-85-7618-428-7

1ª edição – 2018
• Impresso no Brasil • Presita en Brazilo

Produzido no Departamento Gráfico de
CONHECIMENTO EDITORIAL LTDA
Rua Prof. Paulo Chaves, 276 – 13485-150
Fone: 19 3451-5440 — Limeira – SP

Dados Internacionais de Catalogação na Publicação (CIP)
(Angélica Ilacqua CRB-8 / 7057)

Trindade, Diamantino Fernandes.
História da Umbanda no Brasil- Macumbas e perseguições religiosas - Vol. 7 : / Diamantino Fernandes Trindade (Org.) — Limeira, SP: Editora do Conhecimento, 2018.
220 p.

ISBN: 97-85-7618-428-7

1. Umbanda - História - Brasil I. Trindade, Diamantino Fernandes
18-0184 CDD – 299.672

Índice para catálogo sistemático:
1. Umbanda - História

Diamantino Fernandes Trindade
(organizador)

História da Umbanda no Brasil

Macumbas e perseguições religiosas

Volume 7

1ª edição 2018

EDITORA DO CONHECIMENTO

Figura 1: Logo da Casa de Cultura Umbanda do Brasil.

Esta é uma obra de pesquisa e resgate da História da Umbanda. Os direitos autorais são totalmente revertidos para as atividades da Casa de Cultura Umbanda do Brasil.

Dedicatória:
Para todos os irmãos umbandistas e macumbeiros que pavimentaram o caminho, com muita luta, para que hoje possamos praticar nossos ritos livremente.

Figura 2: Macumba. Gravura em metal de Poty Lazarotto. Fonte: www.itaucultural.org.br

É impossível ao historiador a imparcialidade. Desde a coleta de documentos até a redação do trabalho são feitas escolhas, que não são causais. Qualquer tentativa de escrever sobre um fato ou período histórico envolve seleção, julgamento e pressupostos metodológicos. A História não pode ser nunca puramente descritiva, pois sempre haverá elementos de avaliação em qualquer relato. Sendo assim, o máximo que um historiador pode fazer no seu trabalho é alcançar uma face da verdade, que não é absoluta e sim variável de acordo com as condições que se apresentam no momento da escrita.

Sumário

Noite na senzala

Vai findando o dia
Para a noite começar
Os tambores a soar
Anunciando a macumba
Numa grande homenagem
Para rainha Iemanjá
Preto Velho com seu cachimbo
Curte o som de berimbau
Os homens da capoeira
As mulheres a sambar
Hoje é festa na senzala
Até o dia raiá

Do livro E. E. Omar Rezende

CAMINHO

Pai de meu pai
Fortalece-nos nos caminhos
É Ogum vencedor de demanda
Amando-nos com seus carinhos
Com sua espada ele brada
E abre a estrada certeira
Têm força suas palavras
Na estrada, na mata e cachoeira
Salve Ogum de Aruanda
Que cria seus instrumentos
Trazendo ao povo segurança
Gera a paz e elimina os tormentos

Tâmara Rodrigues

Cabeçalhos dos periódicos

Segunda-feira 28 de Fevereiro de 1859.

CORREIO PAULISTANO.

Correio de S.Paulo

ANNO V S. PAULO — QUINTA-FEIRA, 20 DE MAIO DE 1937 NUM. 1.500

DIARIO NACIONAL

S. PAULO, 4 DE ABRIL DE 1930

JORNAL DE NOTICIAS

ANO III || São Paulo, 31 de Agosto de 1948 || N.º 725

Correio da Manhã

Fundador — EDMUNDO BITTENCOURT

ANNO XXX

RIO DE JANEIRO, DOMINGO, 25 DE JANEIRO DE 1931

CALDAS DE SÃO PEDRO

Redator-Chefe: AURO SOARES ANDRADE Diretor-Gerente: PATRICIO MIGUEL CARRETTA Colaboradores: Diversos

Ano II SÃO PEDRO — Domingo, 20 de Junho de 1937 N. 36

3 MAIO 1941

Careta

NUMERO 1714 ANNO XXXIII

REVISTA DA SEMANA

NESTE NÚMERO.

LUTO NA MACUMBA

Morreu o macumbeiro que desafiou o Diabo

A MORTE NA SELVA — Desastre na aviação

BISPO NA CANDELÁRIA — Sagração de D. Helder

Flan

O JORNAL DA SEMANA

25

ANO I • De 4 a 10 de Outubro de 1953

Rio e S. Paulo, Cr$ 3,00 • Interior, Cr$ 4,00

Diario de Noticias

Rua Riachuelo, 114 — Tel.: 243-2910

Rio, Domingo, 4, e Segunda-feira, 5-7-1971 — Nº 14.935

Fundador: ORLANDO DANTAS

Ultima Hora

80 CRUZEIROS

JORNAL DO BRASIL

Rio de Janeiro — Domingo, 21, e segunda-feira, 22 de março de 1971

Ano LXXX — Nº

O CRUZEIRO

DIARIO DA TARDE

PROPRIEDADE DA VIUVA HILDEBRANDO DE ARAUJO • SUPERINTENDENTE: SEBASTIAO VICENTE DE CASTRO
DIRETORES DE REDAÇÃO: ROBERTO BARROZO E DE SA BARRETO • GERENTE: LUFRIDO CLOCK

ANO 53 — Curitiba, 5.ª-feira, 17 de Maio de 1951 — N.º 17.323

Correio de Notícias

CURITIBA, PARANÁ - QUARTA-FEIRA, 28 DE MAIO DE 1980 — GRAFIPAR – ANO IV – Nº 860 — Cr$ 10,00

JORNAL DO DIA

ANO VIII — Pôrto Alegre, 18–12–1954 — Nº 2.362

Folha do Povo

O VESPERTINO DO ESPÍRITO SANTO

VITÓRIA, 19 de julho de 1952 — NUM. 13

Palavras iniciais

A Macumba é dos mais polêmicos temas dos cultos afro-brasileiros em função do desconhecimento e preconceito da população. A Umbanda se consolidou ritualisticamente a partir das macumbas cariocas.

Quando surgiu a Macumba no Rio de Janeiro, no final do século XIX, já ocorria um grande preconceito, pois em muitos terreiros praticava-se a Magia Negra. Cumino[1] explica que a carga pejorativa ocorre no momento em que a palavra macumba passou a ser utilizada como sinônimo de Magia Negra, que em nada define a prática de uma raça e, sim, a intenção de fazer o mal por meio de ritual, seja lá qual for. **É comum ouvirmos algu**mas pessoas dizerem que vão a uma macumba quando, na verdade estão indo a um Terreiro de Umbanda. Malandrino[2] diz que a Macumba é muito mais do que apenas uma qualificação preconceituosa, como poderemos ver mais adiante. Vítima do racismo, da perseguição e do preconceito, a cultura afro-brasileira muitas vezes é demonizada no Brasil.

No capítulo introdutório escrevemos sobre alguns conceitos sobre a Macumba e a sua relação com o culto da Cabula. Mostramos também o crescimento da Macumba na década de 1950 por meio de uma matéria publicada na revista *Manchete*: *Por que cresce a Macumba no Brasil?*

O tema seguinte versa sobre a consolidação ritualística da Umbanda a partir das macumbas cariocas. Um artigo de Leal de Souza, de 1933, traz mais luz sobre o funcionamento das macumbas.

1 Umbandista sim macumbeiro também.
2 Macumba e Umbanda: aproximações.

Antes das matérias dos jornais paulistanos, apresentamos um poema de Murillo Araújo sobre a macumba. Em seguida, uma reportagem do jornal paulista *Caldas de São Pedro* e outras publicadas em periódicos cariocas: *Correio da Manhã*, *Careta*, *Revista da Semana*, *O Cruzeiro* e *Flan - O Jornal da Semana*. Esta última é sobre a morte do famoso o macumbeiro João Alfredo de Oliveira, que recebia em seu terreiro políticos, diplomatas e celebridades.

Escolhemos diversas matérias publicadas, nas décadas de 1930 e 1940, pelos periódicos paulistanos *Correio Paulistano*, *Diário Nacional*, *Correio de São Paulo* e *Jornal de Notícias* para mostrar como as macumbas paulistanas eram perseguidas pela polícia e também os casos de charlatães que abusavam da boa fé dos incautos, extorquindo o seu dinheiro para "resolver" toda a sorte de problemas, como doenças, desemprego, problemas financeiros, casos amorosos etc. Selecionamos, também, trechos de periódicos paulistanos do século XIX e século XX que dão conta das práticas de feitiçaria e curandeirismo.

Mesmo com registro na Polícia, os terreiros eram vitimas de batidas policiais constantes. O nome Delegacia de Costumes e Jogos[3] causava arrepios nos praticantes da macumba e da Umbanda (ainda incipiente na época). O Delegado Dr. Costa Netto e o subchefe Norberto Ferreira dos Santos não davam trégua aos praticantes dos cultos afro-brasileiros. O Gabinete de Investigações, localizado na Rua dos Gusmões, era bem conhecido por muitos macumbeiros, benzedores, benzedeiras e "feiticeiros" da cidade de São Paulo que, volta e meia eram levados para depoimentos e ficavam detidos por vários dias. Para Dantas:

> A acusação de feitiçaria não apenas desqualificava social e simbolicamente práticas e crenças corren-

3 É a delegacia encarregada de atuar nas denominadas contravenções penais. Ao longo da história, teve várias funções como investigar, prevenir e reprimir o meretrício, tudo que pudessem afetar a honra e a dignidade das famílias, as manifestações que contrariassem a moral e os bons costumes, além da venda ou mesmo a exposição de livros, desenhos e gravuras que ofendessem a moral. Também teve como função reprimir os vadios, os bêbados e os falsos mendigos que andavam perambulando pelas ruas, já que eram considerados inimigos da sociedade, e até mesmo coibir a realização de rituais de feitiçaria, Candomblé, Umbanda e Macumba.

> tes entre as camadas populares, sobretudo entre os negros, mas as jogava na ilegalidade, pois o Código Penal de 1890 incriminava o feiticeiro. A acusação assumia assim um caráter coercitivo muito forte, pois se de um lado estigmatizava, de outro permitia o uso do aparato policial do Estado contra os terreiros acusados de centro de feitiçaria, portanto, de atos ilegais.

Devemos lembrar que nessa época o registro de terreiros dos cultos afro-brasileiros era algo complicado, pelas dificuldades criadas pela polícia. Apesar da liberdade religiosa conquistada com a República, estava ainda em vigor o Código Penal de 1890 que tratava dos crimes contra a saúde pública. No Capítulo III, o art. 157 diz:

> Praticar o Espiritismo, a magia e seus sortilégios, usar de talismãs e cartomancias para despertar sentimentos de ódio ou amor, inculcar cura de moléstias curáveis ou incuráveis, enfim, para fascinar e subjugar a credulidade publica: Penas de prisão celular por um a seis meses e multa de 100$ a 500$000.

O código de 1942 ainda reprimia os "feiticeiros", mas não todos, apenas os acusados de usarem os seus poderes para o mal. No site do Centro Espírita Urubatan podemos ler:

> Durante o Estado Novo, no final dos anos 30, sob a ditadura de Getúlio Vargas, os Terreiros de Umbanda, em São Paulo, viveram sua fase mais difícil. Para que pudessem trabalhar, eram obrigados a se registrar nas delegacias e ao pagamento, do que chamavam, à época, de "Taxas de Proteção", que eram verdadeiras extorsões. Os que não se registravam eram obrigados a atuar na clandestinidade, correndo o risco de, a qualquer momento, serem surpreendidos pelas "batidas policiais". Nessa época, não se ouvia falar em Umbanda ou Candomblé; o que se lia em jornais eram termos como feitiçaria, macumba e baixo espiritismo. Não existiam Centros de Umbanda em São Paulo.

Associada a essas dificuldades havia também a perseguição movida pela Igreja Católica. Nesse panorama de repressão, já entre as décadas de 1940 e 1950, Ademar de Barros possibilitou melhores condições para o funcionamento dos terreiros paulistas. Segundo antigos líderes da Umbanda Paulista, o Governador Ademar de Barros foi de fundamental importância para que os terreiros conseguissem se registrar em Cartórios de Títulos e Documentos, agindo junto às resistências da Igreja Católica.

Através da leitura das matérias publicadas nesta obra é possível verificar o desconhecimento, por parte dos repórteres e redatores dos periódicos quanto à liturgia do culto fazendo, quase sempre, juízo de valores quanto às praticas religiosas. Era comum esses profissionais rotularem os dirigentes das casas espirituais de feiticeiros e feiticeiras. Mesmo com evidências, em alguns casos, da honestidade dos praticantes das macumbas, os periódicos tratavam de fazer sua própria condenação, criando sensacionalismo para vender mais jornais.

Despertou interesse um termo que eu desconhecia: "espíritos de caverna" que se refere aos Pretos Velhos. Fatos interessantes e curiosos também chamam a atenção como, por exemplo, a presença nos centros de macumba da figura de Santo Onofre, um eremita que viveu no Egito no final do século IV e início do século V. Muitos dos terreiros de macumba tinham a denominação de Centros Espíritas, pratica comum, também, no Rio de Janeiro. Vale notar que as matérias jornalísticas, via de regra, referiam-se aos macumbeiros como pessoas incultas e analfabetas e os frequentadores das macumbas como tolos cheios de superstições e crendices.

A quantidade de apetrechos e documentos apreendidos nas batidas policiais levou o Dr. Costa Netto, Delegado de Costumes e Jogos, a montar um pequeno museu com esses materiais.

Somente a partir da década de 1950 os noticiários passaram a veicular reportagens mostrando as sessões de culto e rituais da Umbanda e da Macumba. Esses cultos haviam deixado de ser apenas "caso de polícia".

Para que hoje possamos praticar qualquer culto religioso, amparados pela lei, muitos pavimentaram o caminho com muita luta.

Depois das matérias dos jornais paulistanos mostramos a reportagem do *Jornal do Povo*, do Espírito Santo, sobre um vereador que exercia, também, as funções de alfaiate e macumbeiro. Reportagens do *Jornal do Dia*, de Porto Alegre abordam as relações de políticos com a Umbanda e sobre as perseguições religiosas da Igreja Católica. Em seguida o poema *Macumba da Bahia Velha*, de Oliveira Ribeiro Neto seguido por três matérias sobre a sucessão de Joãozinho da Goméia, após seu falecimento: *Diário de Notícias*, relatando o furto de santos de Joãozinho da Goméia; Última Hora, falando do jogo de búzios para a sucessão do babalaô; *Jornal do Brasil*, mostrando a decisão judicial aceitando a menina Sandrinha, de nove anos de idade, como sucessora do Rei do Candomblé. A revista *O Cruzeiro* também abordou o fato. Em seguida, algumas explicações de Rodrigo Pereira sobre a referida sucessão que se tornou em uma aguerrida batalha pelo cargo máximo do Terreiro da Goméia.

O jornal carioca *Extra* publicou uma curiosa matéria que relata uma macumba despachada na porta do comandante do Batalhão de Choque da Polícia Militar. Duas matérias mostram casos de macumba nos dois maiores times do futebol baiano. Uma matéria mostra a demissão do Pai de Santo Bobosa do Esporte Clube Vitória. Outra aborda a demissão de um jogador do Esporte Clube Bahia acusado de fazer "trabalhos" para os titulares da defesa se contundirem. O *Correio de Notícias* também mostra uma reportagem sobe o tema macumba no futebol. Como dizia João Saldanha: "se macumba ganhasse jogo, o campeonato baiano terminaria empatado". Em seguida uma publicação da internet dando conta de um despacho para deputados do Piauí.

Publicamos, também, uma série de reportagens do jornal paranaense *Diário da Tarde*, no período compreendido entre 1951 a 1975. Fatos históricos interessantes são registrados como: os mistérios da macumba, a explicação de Frei Boaventura Kloppenburg (feroz perseguidor do Espiritismo, da Umbanda e dos cultos afro-brasileiros) sobre os "despachos", o caboclo que baixou no réu interrogado em pleno júri, a legalidade das tendas de Umbanda, o Congresso de Umbanda do

Paraná e o cemitério apenas para umbandistas em Curitiba.

Em seguida mostramos algumas matérias do *Correio de Notícias* sobre o despacho na porta do prefeito de Foz do Iguaçu e as superstições de José Sarney, além do ataque de Pai de Santo contra os policiais.

As reportagens apresentadas são ricas em detalhes sobre as praticas ritualísticas da macumba e possibilitam ao leitor entender vários aspectos de determinados rituais presentes, ainda hoje, nos terreiros. Reproduzimos as matérias na íntegra para manter a fidelidade histórica dos fatos.

O próximo capítulo aborda a macumba como tema de alguns filmes, e discos. Em uma época onde o Corinthians não conseguia ganhar um campeonato, alguns discos foram gravados, com o tema macumba, logo após a conquista do Campeonato Paulista de 1977. Mostramos ainda, nesse capitulo, algumas embalagens de defumadores que acabavam com a macumba.

Encerramos com a importante reportagem sobre a macumba na revista de psicologia *Rádice* e a análise das obras *Senzala e macumba*, de Jacy Rêgo Ramos e *Maria Padilha e toda a sua quadrilha*, de Marlyse Meyer. No final da obra apresentamos uma interessante galeria de imagens.

Desejamos uma boa leitura a todos!
Um saravá profundo!

Diamantino Fernandes Trindade
Hanamatan Ramayane

CONSIDERAÇÕES SOBRE A MACUMBA

Para entendermos as possíveis origens da Macumba, precisamos fazer algumas considerações sobre o culto da Cabula.

A Cabula

No Rio de Janeiro, até o final da década de 1810, conservou-se a diferenciação por nações: as sudanesas, principalmente os nagôs com os candomblés e os bantos com a Cabula.

O culto da Cabula é um exemplo que aponta para a fusão das práticas dos bantos com o Espiritismo. Cabula é um termo deturpado originário de Cabala. Este culto, já extinto, generalizou-se após a Lei Áurea e é o precursor das primitivas macumbas. Em diversos locais recebeu a influência do Catolicismo formando uma amalgamação sincrética onde se ouviam muitos termos utilizados nos terreiros de Umbanda.

Conforme Nina Rodrigues,[4] o Espírito que comanda os trabalhos é chamado de **Tatá**. Seus adeptos, chamados de **Camanás**, devem guardar sigilo absoluto sobre os rituais sob pena de morte por envenenamento.

Tal qual no Catimbó, as sessões são denominadas **mesas** e o chefe de cada mesa é chamado de **Embanda**, sendo auxiliado pelo **Cambone**. A reunião dos camanás (cabulistas) forma uma **Engira**. Todos devem obedecer cegamente o Embanda sob pena de castigos severos. Usam calças e camisas brancas e lenços amarrados à cabeça.

O templo é denominado de **Camucite**, o local é secreto, sempre embaixo de uma árvore frondosa no meio da mata,

4 *Os Africanos no Brasil.*

em torno da qual é limpa uma extensão circular de aproximadamente 50 metros. Feita uma fogueira, a mesa é colocada do lado leste, rodeando pequenas imagens com velas acesas, simetricamente dispostas.

As velas são denominadas **estereiras**[5] e são acesas iniciando-se pelo leste, em honra do mar (calunga grande), depois para o oeste, norte e sul.

Logo após a abertura do ritual, o Embanda, ao som dos **nimbus** (pontos cantados) e palmas compassadas, se contorce, revira os olhos, bate no peito com as mãos fechadas até soltar um grito estridente.[6] Vejamos um desses nimbus:

Dai-me licença, carunga
Dai-me licença, tatá
Dai-me licença, bacúla
Que embanda qué quendá

O cambone traz então um copo com vinho e uma raiz. O Embanda mastiga a raiz e bebe o vinho. Serve o fumo do incenso, queimado neste momento em um vaso e entoa o segundo nimbu:

Báculo no ar
Me queira na mesa
Me tombe a girar

O Embanda, ora dançando ao bater compassado das palmas, ora em êxtase, recebe do cambone o **candaru** (brasa em que foi queimado o incenso), trinca nos dentes e começa a emitir chispas pela boca, entoando então o nimbu:

Me chame três candaru
Me chame três tatá
Sou Embanda novo (ou velho)
Hoje venho curimá

Os pleiteantes (**caialos**) a camanás (iniciados) são levados pelos seus padrinhos até o Embanda e tão logo adentram o círculo, passam três vezes por baixo das pernas do Emban-

5 Durante muito tempo, as velas eram confeccionadas de estearina. Hoje são confeccionadas com parafina.
6 Fato comum nos terreiros de Umbanda quando da incorporação dos Caboclos.

da. Este aspecto do ritual é denominado **tríplice viagem**, que simboliza a fé, a humildade e a obediência a seu novo pai. O Embanda recebe a **emba** (pemba pilada) e com ela fricciona os pulsos, a testa e o occipital do caialo, que depois mastiga a raiz e bebe o vinho oferecido pelo Embanda.

Após esse ritual o Embanda toma uma vela acesa, benze-se e começa a passá-la por entre as pernas, por baixo dos braços e pelas costas do camaná. Se porventura a vela se apagar diante de um dos camanás, esse deverá ser castigado com várias pancadas na mão com o **kibandan** (palmatória), até que a vela não mais se apague. Esses castigos são frequentes e o Embanda manda aplicá-los sempre que julga conveniente, para o aperfeiçoamento dos camanás.

Então, avaliada a fé de todos os camanás, prossegue-se com a tomada do **santé**, que é a parte principal das reuniões. Entoam um nimbu apropriado e o Embanda dança, com grandes gestos e trejeitos para que o Espírito se apodere de todos. De tempos em tempos todos lançam ao ar a emba, para que se afastem os "maus espíritos" e fiquem cegos aos profanos, não devassando assim os seus segredos. [7]

O Espíritos que baixam nos adeptos identificam-se como Tatá Guerreiro, Tatá Flor de Carunga, Tatá Rompe-Serra, Tatá Rompe-Ponte etc. Este culto praticamente não existe na atualidade e foi absorvido pelo Catimbó e pelas macumbas.

As macumbas

Os cultos de tradição banto existiram desde a abolição da escravatura, como forma de reconstrução de heranças africanas no contexto social urbano. Liana Trindade cita:[8]

> Como culto organizado, a Macumba significou a reconstrução das concepções do mundo banto em uma situação urbana, onde tanto os elementos míticos sudaneses, como os componentes da magia europeia irão ser reinterpretados consoante às estruturas de significados do pensamento banto.

A manifestação de espíritos de negros e de índios já ocor-

7 A Cabula recebeu várias influências dos ritos maçônicos, o que justifica os procedimentos descritos.
8 *Conflito social e magia.*

ria nos rituais primitivos da Macumba (que ainda não tinham esse nome) antes da Umbanda.

A Macumba primitiva era uma amalgamação de elementos da Cabula, do Candomblé jejê-nagô, dos cultos bantos, do Catimbó, das tradições indígenas, do catolicismo popular, do Espiritismo e práticas mágicas. Não tinha a sustentação de uma doutrina que pudesse articular os diversos fragmentos que lhe davam forma. A Macumba nasceu desta fusão.

Para Liana Trindade[9] a Macumba é composta por crenças e ritos que se relacionam por meio de um processo sincrético, onde a estrutura de seus significados é construída pelos agentes sociais em uma situação urbana, preservando os símbolos dominantes da tradição africana. Existem elementos bantos, tais como: resgate dos antigos calundus,[10] a manifestação dos espíritos ao som dos atabaques, o fechamento do corpo, o jogo de búzios, o uso de ervas, os ebós com animais e as cerimônias sob as árvores etc. Neste processo o Espiritismo participa com a base cultural que viabiliza a assimilação das divindades africanas, por meio da mediunidade de incorporação.

Ramos[11] diz que:

> O sincretismo com o Catolicismo e o Espiritismo é a regra geral nas macumbas de procedência banto. Nas macumbas cariocas, o Embanda inicia as cerimônias com a benção à assistência e a invocação ao santo protetor..., por influência cada vez maior do Espiritismo, as macumbas de procedência banto tem-se transformado rapidamente. Em muitas, já existe pouca diferença das mesas dos consultórios de baixo espiritismo das camadas atrasadas da população carioca.

Descreve ainda um terreiro da Macumba:

> Eles são grosseiros e simples, sem esta teoria de corredores e compartimentos dos terreiros jejê-yorubá. Conserva-se o altar do santo protetor, mas elimina-se o fetiche preparado com o sangue dos sacrifícios, que se encontra no *pegi*. Substitui-se assim ainda o fetiche do deus pela imagem católica que lhe corresponde.

9 *Conflito social e magia.*
10 Culto religioso colonial que antecedeu o Candomblé.
11 *As culturas negras no novo mundo.*

Bastide[12] cita que a Macumba refletia o primeiro momento de ação da urbanização sobre as coletividades raciais, a passagem dos agrupamentos fechados, *candomblés*, *cabulas, catimbós*, à atomização das relações interpessoais. Diz também:[13]

> A Macumba é a expressão daquilo em que se tornam as religiões africanas no período de perda dos valores tradicionais; o Espiritismo de Umbanda, ao contrário, reflete o momento da reorganização em novas bases, de acordo com os novos sentimentos dos negros proletarizados, daquilo que a Macumba deixou de subsistir da África nativa.

Não é possível precisar a origem da Macumba, porém podemos ter algumas evidências a partir das descrições de alguns autores.

Neves[14] diz que a palavra *macumba* deriva de *mucambo*, que significa *casa de quilombola*, formada por negros refugiados em florestas, como em Palmares, que cultuavam os espíritos de seus antepassados e sonhavam com sua volta à África. Luz e Lapassande[15] citam que os habitantes de Palmares tinham a intenção de criar uma republica negra africana e recordar a África.

Outra possibilidade é que a palavra *macumba*, de origem angolana, esteja ligada a um instrumento musical folclórico de percussão de origem africana, similar ao reco-reco,[16] ou a um tipo de dança, o *jongo* ou o *caxambu*, designando um culto que, na região central do Brasil, particularmente no Rio de Janeiro, fundiu-se com o modelo nagô. Cintra[17] aponta que a palavra *macumba* é recente (aproximadamente 120 anos), visto que João do Rio,[18] em 1904, designa os cultos africanos aí existentes pelo nome de candomblés e não utiliza o termo macumba. O mesmo autor diz:

---

12 *As religiões africanas no Brasil.*
13 *As religiões africanas no Brasil.*
14 *Do Vodu a macumba.*
15 *O segredo da Macumba.*
16 Melo Morais Filho assinalou-o em 1748, durante a coroação de um rei negro no Rio de Janeiro, referindo-se ao "som de rapa das macumbas em grande número".
17 *Candomblé e Umbanda: o desafio brasileiro.*
18 *As religiões do Rio.*

> Entretanto, a realidade aí descrita é a mesma, que posteriormente foi designada por este último termo. Trata-se de um amálgama de cultos nagôs com cultos angolanos ou congolenses, raças que predominavam no Rio de Janeiro. Embora usem a terminologia nagô, os Orixás tem frequentemente nomes e características bantos. Percebem-se também influências de negros islamizados, pois, em certos terreiros, os chefes de culto se denominavam alufás.[19] Os cânticos não eram mais integralmente em nagô, mas nesta língua misturada com o português. O maior contingente de adeptos desses cultos são chamados por João do Rio de negros cambindas, provindos de uma região entre Angola e Congo. Persistem as divindades bantas: Zambi, Zambiapongo, Bombongira, Kerê-Kêre, Lembá etc. Os espíritos dos mortos são denominados zumbi. Os chefes de culto são os embandas.

Usam-se também para este cargo a denominação *Tata de Inkice* (Pai de Santo) e *Mameto de Inkice* (Mãe de Santo). O santuário é comumente denominado *canzol, canzel* ou *canzuê*.

Edison Carneiro[20] fornece a seguinte explicação:

> Antes de dançar, os jongueiros executavam movimentos especiais pedindo a benção dos cumbas velhos, palavra que significa jongueiro experimentado, de acordo com essa explicação de um preto centenário: "cumba é jongueiro ruim, que tem parte com o demônio, que faz feitiçaria, que faz macumba, reunião de cumbas". O jongo, dança semirreligiosa, precedeu, no Centro-Sul, o modelo nagô. Como o vocábulo é sem dúvida angolense, a sua silaba inicial talvez corresponda à partícula *ba* ou *ma* que, nas línguas do grupo banto, se antepõe aos substantivos para a formação do plural, com provável assimilação do adjetivo feminino *má*.

Segundo Oliveira.[21]

> Acredita-se também que o caráter pejorativo, associado à magia negra, que o termo assumiu ao longo

19 Cargo ritualístico do culto malê na Bahia. A grande maioria dos alufás na Bahia era de etnia haussá.
20 *Os candomblés da Bahia.*
21 *Das Macumbas à Umbanda.*

do tempo, se deu pela provável associação ao adjetivo feminino de mau: "má".

Após o evento da libertação dos escravos, uma boa parte dos chamados Cultos de Nação passou a tomar um caráter mais externo, propiciando rápidas fusões e amalgamações com outros ritos, como a Cabula, o Catimbó, a Pajelança, começando a proliferação de terreiros, roças, mesas etc., por este Brasil afora. Malandrino[22] diz que a formação de uma nova religião pode apontar para a possibilidade dos negros libertos vislumbrarem a mudança do seu lugar na pirâmide social através de uma nova religião.

Botelho[23] cita que:

> No final do século XIX e início do século XX, tradições religiosas da etnia sudanesa foram sendo aos poucos adicionadas ao sincretismo banto-católico existente também no Rio de Janeiro, levando ao surgimento dos sincretismos conhecidos como Zungu e Macumba.
> Parece que os termos Zungu e Macumba foram usados indistintamente no Rio de Janeiro para designar quaisquer manifestações sincréticas de práticas africanas relacionadas a danças e cantos coletivos, acompanhadas por instrumentos de percussão, nas quais ocorria a invocação e incorporação de espíritos e a adivinhação e curas por meio de rituais de magia, englobando uma grande variedade de cerimônias que associavam elementos africanos (Inkices, Orixás, atabaques, transe mediúnico, trajes rituais, banho de ervas, sacrifícios de animais), católicos (cruzes, crucifixos, anjos e santos) e, mais raramente, indígenas (banho de ervas, fumo). A diferença básica entre eles parece ser apenas o período em que estes termos foram utilizados: zungu, em meados do século XIX e macumba, no final do século XIX e início do século XX substituindo o termo zungu.

Oliveira[24] cita:

> A lenta introdução dos Orixás na Macumba não lhe

22 *Macumba e Umbanda: aproximações.*
23 *Sincretismo Religioso e suas origens no Brasil.*
24 *Das Macumbas à Umbanda.*

> alterou a estrutura cultural, centrada na evocação das almas dos ancestrais tribais. O que caracteriza a Macumba não é o santo protetor, mas um espírito familiar (Preto-Velho, por exemplo) assistindo à crescente população suburbana quer negra ou branca, que vinha aos terreiros buscar lenitivo e soluções para problemas econômicos, afetivos e terapêuticos.

A fusão de rituais trouxe para os catimbós e demais cultos alguns instrumentos ritualísticos dentre os quais uma espécie de tambor denominado *macumba* que era tocado nas festas em louvor aos Orixás. O *macumbeiro* era o seu tocador. Como é comum, no Brasil, dança e instrumento acompanhador terem a mesma denominação, é possível que no culto religioso homônimo se tenha utilizado do instrumento, daí nascendo seu nome.

Estes cultos se expandiram rapidamente principalmente no Rio de Janeiro, e como geralmente esses tambores eram tocados nos rituais, começaram a ser chamados de *macumbas*. Neles baixavam uma gama de Espíritos chamados de Mestres de Linha, os Tatás etc.

Segundo Matta e Silva, o termo *macumba* generalizou-se, passando a designar ritos fetichistas, *baixo espiritismo*, isto é, tomou um sentido pejorativo, pois a concepção popular o tem para indicar mesmo sessões de terreiro onde as práticas afro-indígenas são as mais inferiores.

Lisías Negrão cita:

> Os estigmas sociais contra o negro e sua religião e as renovadas acusações mais do que seculares de que foram vítimas culminaram com a atitude ao mesmo tempo de hostilidade e de medo que até hoje inspiram. É exemplar deste caso o vocábulo macumba: de termo genérico para todas as religiões brasileiras de origem negra, ou então de nominativo de uma delas em especial, a de origem banto, desenvolvida no sudeste do país, especialmente em São Paulo e Rio de Janeiro a partir de fins do século XIX, passa a ser vista depreciativamente como sinônimo de superstição de negro, como magia negra que se despreza e se teme a um só tempo.

O termo *macumbeiro* também ganhou novo sentido: aponta-se como *macumbeiro* toda pessoa que é assídua frequentadora de terreiros de *macumba.* Muitos desses terreiros se abrigam na atualidade sob o nome de Umbanda. É comum ouvirmos alguns dizerem que vão a uma macumba quando, na verdade estão indo a um Terreiro de Umbanda. Luz e Lapassade[25] dizem que *a macumba significa mais que um rito religioso: é algo mal definido, que ultrapassa os limites de uma "igreja" na direção de uma "festa"* (*no Rio se diz sempre: Você vem? Há uma boa macumba esta noite*).

Os mesmos autores dizem que o terreiro de Macumba tem, em geral, forma de capela, com um altar. Sobre o altar há imagens de Jesus, da Virgem Maria e dos Santos: São Jorge, São Lázaro etc. Muito próximo dos terreiros de Umbanda.

As práticas da Macumba carioca tinham também certa semelhança com as práticas da Cabula. Conforme Silva:[26]

> O chefe do culto também era chamado de embanda, umbanda ou quimbanda, e seus ajudantes, cambono ou cambone. As iniciadas eram as filhas de santo, por influência do rito jejê-nagô, ou médiuns, por influência do espiritismo. Na Macumba as entidades como os Orixás, Inkices, Caboclos e os Santos Católicos eram agrupadas por falanges ou linhas como a Linha da Costa, de Umbanda, de Quimbanda, de Mina, de Cabinda, do Congo, do Mar, de Caboclo, Linha Cruzada etc.

Diz ainda o autor que a abrangência de cultos, que sob o termo *Macumba* eram conhecidos, parece ter sido um dos motivos de sua popularidade e de seu uso indiscriminado para se designar as religiões afro-brasileiras em geral.

Os dirigentes dos terreiros de Macumba e, principalmente as federações umbandistas do Rio de Janeiro, não se sentiam confortáveis com o termo *macumba*, uma expressão que possuía um forte preconceito e uma carga pejorativa, que podia prejudicar a expansão da Umbanda. É possível que a Macumba tenha praticamente desaparecido da religiosidade carioca em função da propagação da Umbanda e a sua rápida

25 *O segredo da Macumba.*
26 *Candomblé e Umbanda: caminhos da devoção brasileira.*

expansão no Estado do Rio de Janeiro, principalmente na então Capital Federal, que teria recebido um número substancial de prosélitos da Macumba e a influenciado de tal maneira que levaram muitos terreiros de Macumba a se transformarem em tendas de Umbanda ou em casas de Omolokô para fugirem da repressão policial que mais branda nesses cultos.

Por que cresce a macumba no Brasil?

Na revista *Manchete*, número 50 (março de 1953) aparecia a seguinte manchete: ***Por que cresce a macumba no Brasil?*** Como registro histórico mostramos um trecho dessa reportagem de Carlos Galvão Krebs. Este jornalista abordava as causas do crescimento dos *cultos fetichistas* e num determinado ponto diz:

> O ritmo, o canto, a dança, as vestimentas coloridas, as grandes festas públicas com uma assistência vibrante, isso se combina para proporcionar o prazer e a tensão emotiva de que, em outras culturas, se encarregam o teatro e o cinema, os concertos e a ópera.
>
> Uma causa subtil, mas muito ponderável, da disseminação do fetichismo, é a fusão crescente, o sincretismo tendente a uma aglutinação completa de todas as crenças existentes no Brasil. Já Arthur Ramos denunciou isso. Em Porto Alegre, no Abrigo Espírita São Francisco de Assis, culto umbandista chefiado até a morte pelo irmão maior Laudelino de Souza Gomes, encontramos misturados (1948) elementos bantos, jejês, yorubanos, católicos, ameríndios, protestantes, espíritas e esotéricos. Cada elemento deste sincretismo é um ponto de contato entre o fetichismo e os crentes de culturas diferentes e de outras religiões. Desta forma aumentam fabulosamente as possibilidades de proselitismo: não é como pescar à linha, mas, sim – pescar com espinhel.
>
> Para finalizar diremos que, no fundo de tudo, está a maior de todas as causas. É a massa do sangue negro que corre nas veias de uns 33% de nossa população negra pura e mulata. É o mestiçamento

> psicológico da maioria branca, denunciado por Gilberto Freyre, maioria branca que em grande parte se criou com o preto, que mamou leite branco nos seios generosos das babás negras, que se iniciou no amor com a carne trigueira das mucamas jovens.

Apesar da importância da reportagem, o leitor pode perceber que o jornalista, assim como a maioria da população, confunde a Macumba com a Umbanda e demais cultos afro-brasileiros.

A seguir apresentamos duas imagens de um terreiro da Macumba da metade do século XX.

Figura 3: Preto Velho e Preta Velha em um terreiro de Macumba. Fonte: Acervo pessoal de Pai Juruá

Figura 4: Duas médiuns em um terreiro de Macumba. Fonte: Acervo pessoal de Pai Juruá

Figura 5: Macumba (tambor). Acervo de Pai Ronaldo Linares

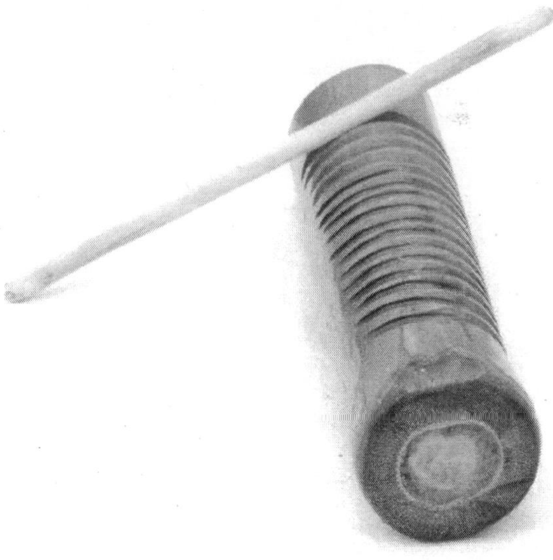

Figura 6: Macumba (espécie de reco-reco). http://www.agencia-jovem.org

A CONSOLIDAÇÃO RITUALISTICA DA UMBANDA A PARTIR DAS MACUMBAS CARIOCAS

Uma das tarefas mais importantes dos pioneiros do Movimento Umbandista era separar *o joio do trigo*, elucidando os novos adeptos sobre as diferenças entre Umbanda, Espiritismo e Macumba. Muitas confusões ocorriam na cabeça dos recém-chegados ao Movimento Umbandista, principalmente pela generalização desses cultos em torno do termo *Macumba*. Tínhamos uma nova religião cujas sessões ocorriam em uma mesa com a manifestação dos espíritos kardecistas e alguns Pretos Velhos e Caboclos, com pouca dinâmica para Zélio e o seu grupo.

Zélio de Moraes, dirigente da primeira tenda de Umbanda (Tenda Espírita Nossa Senhora da Piedade, fundada em 15 de novembro de 1908) e seus seguidores pertenciam aos setores médios da sociedade da época. Eram trabalhadores do comércio, funcionários públicos, oficiais militares, profissionais liberais, jornalistas, professores, advogados e alguns operários especializados. Nenhum deles era negro.

Brown[27] cita que:

> Muitos integrantes deste grupo de fundadores eram, como Zélio, kardecistas insatisfeitos, que empreenderam visitas a diversos centros de "macumba" localizados nas favelas dos arredores do Rio de Janeiro e de Niterói. Eles passaram a preferir os espíritos e divindades africanas e indígenas presentes na "macumba", considerando-os mais competentes do que os altamente evoluídos espíritos kardecistas na cura e no tratamento de uma gama muito ampla de doenças e outros problemas. Eles achavam os rituais da "macumba" muito mais estimulantes e dramáticos do que os do Espiritismo, que comparados aos primeiros lhe pareciam estáticos e insípidos. Em contrapartida, porém, ficavam extremamente incomodados com certos aspectos da "macumba". Consideravam repugnantes os rituais africanos que envolviam sacrifícios de animais, a presença de espíritos diabólicos (Exus),

---

27 *Uma história da Umbanda no Rio.*

> ao lado do próprio ambiente que muitas vezes incluía bebedeiras, comportamento grosseiro e a exploração econômica dos clientes.

Este grupo se apropriou do ritual da Macumba, deu-lhe uma nova estrutura, e articulando um novo discurso, iniciou ao processo conhecido como "legitimação da Umbanda". Os terreiros de Umbanda passaram a expressar as preferências e aversões do grupo, fato que se refletiu no Primeiro Congresso Brasileiro do Espiritismo de Umbanda, em 1941, onde havia uma nítida preocupação com a criação de uma Umbanda desafricanizada, havendo um grande esforço no sentido de "purificar" ou "branquear" a Umbanda, desvinculando-a da África "primitiva" ou "bárbara".

Para Malandrino[28] a Umbanda foi se apropriando e ressignificando os elementos da Macumba por meio da reconstrução interpretativa das tradições africanas, kardecistas, católicas, indígenas e orientais.

A Macumba pode ser entendida também como um sistema simbólico que influenciou a ritualística da Umbanda. Apesar da Macumba preservar tradições africanas, não era eficiente no que tange à inserção social dos negros libertos, que viviam em condições de marginalidade, procurando recursos de adaptação de sua cultura na sociedade urbana. Malandrino[29] enfatiza que a Umbanda, por sua vez, é uma reorganização social, uma religião institucional, que possibilita a inserção social, mantendo algumas tradições africanas, mesmo que sincretizadas e ressignificadas.

Gradativamente, nos terreiros de Umbanda, foram sendo assimilados os rituais, as imagens dos santos católicos e os Orixás cultuados nas macumbas cariocas. Na Tenda Nossa Senhora da Piedade nunca foram utilizados os atabaques e as palmas nos pontos cantados. As velas e as roupas eram brancas. Também nunca foram feitos sacrifícios de animais.

Ocorreu então uma aceitação seletiva das tradições afro-brasileiras. Brown[30] cita:

> Por exemplo, dois dos elementos principais retira-

28 *Macumba e Umbanda: aproximações.*
29 *Macumba e Umbanda: aproximações.*
30 *Uma história da Umbanda no Rio.*

dos das tradições afro-brasileiras constituíram os espíritos centrais da Umbanda, os Caboclos e os Pretos Velhos. No entanto, os Pretos Velhos, celebrados como as presenças africanas mais significativas na Umbanda, são escravos, subjugados e aculturados à vida brasileira, muito embora práticas associadas com africanos não aculturados fossem rejeitadas desta forma de prática da Umbanda.

A convergência, na Umbanda, dos símbolos católicos (ibéricos), africanos e dos indígenas brasileiros trouxeram importantes componentes para uma identidade cultural nacional brasileira.

LEAL DE SOUZA ESCREVE SOBRE A MACUMBA

A Macumba se distingue e caracteriza pelo uso de batuques, tambores e alguns instrumentos originários da África.[31]

Essa música bizarra em sua irregularidade soturna, não representa um acessório de barulho inútil, pois exerce positiva influência nos trabalhos, acelerando, com suas vibrações os lances fluídicos.

As reuniões não comportam limitações de hora, prolongando-se, na maioria das situações, até o alvorecer. São dirigidas sempre por um Espírito, invariavelmente obedecido sem tergiversificações, porque está habituado a punir os recalcitrantes com implacável rigor.

É de ordinário, o espírito de algum africano, porém também há de caboclos. Os métodos seja qual for a entidade dirigente são os mesmos, porque o caboclo aprendeu com o africano.[32]

Os médiuns que ajudam o aparelho receptor do guia da reunião ás vezes, temem receber as Entidades auxiliares. Aquele lhes ordena que fiquem de joelhos, dá-lhes um copo de vinho, porém com mais frequência, puxa-lhes, com uma palmatória de cinco buracos dois alentados bolos.

Depois da incorporação, manda queimar-lhes pólvora nas palmas das mãos, que se torna incombustível quando o espírito toma posse integral do organismo do médium.

31 Generalização feita aos cultos afro-brasileiros (nota do autor).

32 Na verdade, Caboclos e Pretos-Velhos beberam na mesma fonte de conhecimentos (nota do autor).

Conhecendo essa prova e seus resultados quando a incorporação é incompleta, apassivam-se os aparelhos humanos, entregando-se por inteiro àqueles que devem utilizá-lo.

Os trabalhos, que, segundo os objetivos, participam da magia, ora impressionam pela singularidade, ora assustam pela violência, surpreendem pela beleza. Obrigam a meditação, forçam ao estudo, e foi estudando-os que cheguei à outra margem do Espiritismo.

O mesmo Leal de Souza descreve um caso ligado à Macumba:

> Muitas vezes, uma questiúncula mínima produz uma grande desgraça... Uma mulatinha que era médium da magia negra, empregando-se em casa de gente opulenta, foi repreendida com severidade por ter reincidido na falta de abandonar o serviço para ir à esquina conversar com o namorado. Queixou-se ao dirigente do seu antro de magia, exagerando, sem dúvida, os agravos ou supostos agravos recebidos e arranjou, contra os seus patrões, um despacho de efeitos sinistros.
>
> Em poucos meses, marido e mulher estavam desentendidos, um com negócios em descalabro, a outra atacada de moléstia asquerosa da pele, que ninguém definia, nem curava. Vencido pelo sofrimento, sem esperança, o casal, aconselhado pela experiência de um amigo, foi a um centro de Linha Branca de Umbanda, onde, como sempre acontece, o guia, em meia hora, esclareceu-os sobre a origem de seus males, dizendo quem e onde fez o despacho, quem e porque mandou fazê-lo.
>
> E por causa desse rápido namoro na esquina, uma família gemeu na miséria, e a Linha Branca de Umbanda fez, no espaço, um de seus maiores esforços. Propiciou-se às entidades causadoras de tantos danos, com um despacho igual ao que as lançou no malefício, e, como o presente não surtisse efeito, por não ter sido aceito, os trabalhadores espirituais da Linha de Santo agiram, junto aos seus antigos companheiros de encruzilhada, para alcançar o abandono pacífico dos perseguidos, mas foram informados de que não se perdoava o agravo a médiuns da Linha Negra.

Elementos da falange de Euxoce teceram as redes de captura, e as secundaram, com o ímpeto costumeiro, a falange guerreira de Ogum, mas a resistência adversa, oposta por blocos fortíssimos, de espíritos adestrados nas lutas fluídicas, obrigou a Linha Branca a recursos extremos, trabalhando fora da cidade, à margem de um rio. Com pólvora, sacudiu-se o ar, produzindo-se formidáveis deslocamentos de fluidos; apelou-se, depois, para os meios magnéticos e, por fim, as descargas elétricas fagulharam na limpidez puríssima da tarde.

Os trabalhadores de Amanjar, com a água volatilizada do oceano, auxiliados pelos de Nhan San, lavaram os resíduos dos malefícios desfeitos e, enquanto os servos de Xangô encaminhavam os rebeldes submetidos, o casal se restaurava na saúde e na fortuna.

POEMA SOBRE A MACUMBA

Murillo Araújo

O Cruzeiro, n. 34, 15 de julho de 1933

A macumba zabumba...
Noite velha, no mato, as estrelas acordam.
Que retumba em rumor
Tão fundo, tão fundo, um ribombo de morte
Nos grotões do pavor!
E a macumba, é a macumba!
E retumba o tambor...
Risca a pemba do samba os terreiros oleosos
Pelo filtro da lua.
Flamejam fogueiras, brandões resinosos...
E os corpos flamejam sabats, saltitando, sambando, sambando
Com o filtro da lua.
Nas taipas de ocaras tão claras
Tão pasmas
As sombras debruam legiões de fantasmas.
As pretas, rodando os tundás, se arredondam em cateretês...

Os pretos são doidos Sacis Pererês...
A pólvora em chispas corusca e chamusca...
(Mandinga, bruxedo...)
Coriscam as luzes por entre o arvoredo...
Um coro plangente
Entoa em um só tom:
– Ya-mã-já!
A nossa mãe tá no fundo do má...
Eh-nhor! E-nhá!
E-nhá! Eh-nhor!
É a macumba, é a macumba!
E retumba o tambor!
E crepita na chama
A alma chã do meu povo...
O verdor de sua ânsia.
Toda a sua expressão de inocência que canta
Todo o seu coração ainda bárbaro e novo na alegria florida e selvagem da infância!

A POLÍCIA DO 23º CONTRA OS MACUMBEIROS DA ZONA

Correio da Manhã, **n. 9604, 15 de maio de 1926**

A polícia do 23º Distrito, inteirada de que na zona existiam vários casos onde, à noite se reuniam os macumbeiros, resolveu dar uma batida em regra, a fim de acabar com os mesmos e atender, entretanto, as reclamações dos vizinhos das casas de macumbas, os quais, até alta madrugada, são importunados com toques de tambores, gritos agudos, sapateados etc.

O Dr. Brandão Filho, com alguns de seus auxiliares, visitou, em primeiro lugar, uma casa sem número da Rua três, em Honório Gurgel, onde dirigiu o serviço Sarah Bernardes. Ali, os adeptos da macumba, colhidos de surpresa, foram todos detidos e apreendido o material com que trabalhavam que eram punhais, espadas, imagens de santos, tambores etc.

Em seguida, dirigiu-se a caravana policial à Oswaldo

Cruz, onde, em uma casa isolada, trabalhavam numerosos macumbeiros. Quando surpreendidos, estavam todos diante de um altar, formando um grande semicírculo, tendo em uma das extremidades três indivíduos tocando tambores rústicos. No meio estava o Pai de Santo que todos chamavam de Rompe Mato, o qual tinha a seu lado três rapazes, que fumavam charutos juntamente com ele.

A polícia, nesta casa, deteve-se durante algum tempo, observando todo aquele espetáculo de malucos, notando o Dr. Brandão Filho que as figuras principais da macumba bebiam, de vez em quando, o conteúdo de uma garrafa, que parecia se parati.[33]

Em dado momento, Rompe Mato ateou fogo ao que continha a tal garrafa, que explodiu, dizendo ele, nesta ocasião, uma porção de palavras que a autoridade não compreendeu. Só então o delegado deu voz de prisão aos presentes, os quais, a princípio, pretenderam desatender a ordem, sendo, depois, presos e levados à delegacia de Madureira, onde já se encontravam os macumbeiros presos em Honório Gurgel.

Entre outras muambas que eram retiradas da casa acima referida, encontrou o delegado um cabrito e duas galinhas mortas.

Alguém disse ao Dr. Brandão Filho, quando ele se retirava com o material apreendido:

– "Oxalá que te acompanhe".

Dos macumbeiros presos, 150 foram postos em liberdade, ficando na delegacia, porém, todo o material apreendido.

PRATICAVA O FALSO ESPIRITISMO

Correio da Manhã, n. 10724, 25 de dezembro de 1929

Apesar da tenaz campanha que o Senhor Augusto Mendes, delegado especializado, move aos macumbeiros, estes não cessam a sua "medicina".

A referida autoridade teve denúncia de que, na Rua Maria Lopes, 132, em Madureira, havia uma macumba, e, efetuando a diligência, conseguiu apanhar em flagrante o dono

33 Cachaça.

do terreiro José Isidro do Nascimento, quando se achava com a casa repleta de fiéis que ali iam à busca de melhores de melhores dias, pois o homem tratava de tudo, atrasos de vida, mau olhado, amores mal correspondidos, enfim, clínica geral.

Figura 7: Um dos talismãs aprendidos pela polícia. *Correio da Manhã*, n. 10724, 25 de dezembro de 1929

Isidro que é "caboclo" de São Jerônimo, receitava ervas para banhos e outras drogas, tudo pago, já se vê, apesar de ele dizer que fazia aquilo para beneficiar os seus irmãos sem auferir disso nenhum lucro.

Seu pai, o velho Nascimento, era que "trabalhava", mas morreu um dia na via pública, lá em Madureira.

Ele, então, respeitando a memória do pai e sendo também da "lei do santo", que é como eles chamam a magia negra, não quis acabar com o terreiro. Disse que é um homem que vive exclusivamente do seu trabalho como vendedor de uma olaria.

A polícia trouxe grande quantidade de ervas, raízes, um estandarte do "Caboclo Laçador" e vários talismãs que, como sempre, dão felicidade.

Foram autuados no cartório do Dr. Augusto Mendes, Aristides Fernandes Prado e as senhoras M. L. Ferreira, L. B. Carvalho e M. B. Carvalho, as duas últimas primas da primeira, todas da sociedade e residentes em Ipanema.

A primeira das referidas senhoras quis se rebelar contra a polícia, mas, a conselho das parentas, anuiu em ir a cartório prestar declarações.

Uma das receitas prediletas de Nascimento era a seguinte: "15 de maná, 150 de salsaparrilha, quatro garrafas de parati e um quilo de açúcar. Tudo em garrafão por 21 dias, sacudido todos os dias. No fim, beber um cálice em jejum todos os dias. Não coma salgados nem apimentados". Este depurativo e purgativo (aqui ele aplicou um vocabulário incisivo) é para reumatismo.

A POLÍCIA VAREJOU A MACUMBA DO HONORATO

Correio da Manhã, n. 11075, 25 de janeiro de 1931

Há dias o delegado geral de Niterói, Senhor Roberto Freire, quando em diligência, passou pela Rua Marquês do Paraná, teve a sua atenção despertada para um numeroso grupo de pessoas, muitas de fidalga aparência, que saía de um matagal existente em um morro.

Dirigindo-se a um dos seus auxiliares, aquela autoridade perguntou se ali havia jogo.

Informado que se tratava da macumba do Honorato, localizada no Morro do Soares a longos anos, o Senhor Roberto Freire deliberou visitá-la em breve.

A macumba do Honorato goza de tal prestígio, que os seus trabalhos se dividem em duas séries: a do luxo frequente pela elite desta e da vizinha capital e a vulgar, frequentada pelos adeptos do terreiro, cuja função ia das 11 horas da noite ao romper da alvorada.

Na madrugada de ontem o referido delegado geral, acompanhado de numerosa caravana, foi visitar a macumba do Honorato, que estava em pleno funcionamento.

Dado o cerco, alguns fiéis pretenderam fugir; mas foi inútil; as autoridades surgiram de todos os lados e conseguiram capturar 255 pessoas.

Foi uma diligência tumultuosa, que só terminou as três da madrugada.

O delegado geral determinou a arrecadação de imagens, espadas e apetrechos da macumba, que foram removidos para a delegacia.

Das paredes da macumba foram arrancados os seguintes cartazes:

"Aviso – Por ordem do Pai Joaquim e Tio Lourenço, pedimos que todos os assistentes que deixem alguma coisa para pólvora para seus pontos".

"Aviso – De ordem da diretoria, avisamos a todos os senhores irmãos, que a partir de primeiro de agosto passarão as sessões de terreiro a serem efetuadas às sextas feiras.

Às segundas e quartas feiras a sessão de mesa e descarrego de todos os irmãos, das oito horas em diante.

Os trabalhos particulares continuarão aos domingos das seis da manhã ao meio dia. Igualmente as chapas só serão distribuídas até ao meio dia, sem exceção de pessoas."

Foram autuados em flagrante: o Pai de Santo, José Ferreira Honorato e mais: Dolores Afonso, Isabel Bittman, Altair Mello, Francisco Carlos Santa Helena, Manoel Almeida, Deodoro Santos, Francisco Arnaldo, Manoel Oliveira e Pedro Carvalho de Mello, sendo as demais pessoas postas em liberdade.

Na macumba foram encontradas muitas crianças de pouca idade.

O delegado geral determinou o fechamento da macumba em apreço e cassou um alvará, expedido para o funcionamento de um centro espírita.

MACUMBA

Anésia de Andrade Lourenção

***Caldas de São Pedro*, n. 36, 20 de junho de 1937**

Após certas batidas felizes, é comum aparecerem nos jornais reportagens pitorescas, ilustradas com fotografias exóticas e esquisitas de tudo quanto, pelo seu extraordinário poder mágico, pode auxiliar os macumbeiros na difícil arte de prever o futuro, conjurar desgraças e desvendar sinas.

A polícia não dorme. Encarregada de arejar o ambiente social, faz parte do seu mistér a destruição dessas células, consideradas perniciosas à sociedade, compostas de crédulos e ingênuos.

Entretanto, não obstante esse desvelo constante, a feitiçaria não desaparece da face da terra. Os despachos continuam a se multiplicar, mesmo no coração das capitais, e os macumbeiros tem a satisfação de ver, dia a dia, aumentada a sua distinta clientela. A ganância pelo dinheiro será sempre maior que o temor da cadeia e a superstição é uma espécie de quisto moral, inatingível até pelo bisturi penetrante do escárnio e do ridículo.

Mas o povo não precisa recorrer aos pais de santo para alimentar e satisfazer a sua crendice. Em todos os mostruários de livrarias há o convite tentador de um livro para uma excursão extravagante aos caminhos da magia, a troco simplesmente de alguns poucos mil réis. Deles, é bastante citar o famoso livro de São Cipriano, onde a ingenuidade humana encontra receituário completo de mandingas e um sortimento variado de macumbas para servir mesquinhos e inferiores sentimentos. Nada mais fácil a qualquer pessoa adquirir um volume desses a fabricar o sortilégio a domicilio, para gasto e uso particular, sem os inconvenientes todos de uma inesperada visita policial, a que estão sujeitos os centros mandingueiros.

Quando se trata de dar combate a qualquer doutrina ou pratica tida como perigosa ou prejudicial à sociedade, tem-se sempre voltado as vistas para os focos principais de onde podem ser irradiadas e, inegavelmente, o livro é deles um dos mais importantes.

Logo, embora mais discreta, não deixa de ser também exploração à ingenuidade pública a venda desses verdadeiros tratados de feitiçaria, em que até o nome do pobre São Cipriano é explorado, sem respeito algum pela auréola de Santidade com que se cingiu, após ter rompido o seu tremendo pacto com o poderoso senhor dos infernos.

Assim, indiferente aos ataques da polícia e as exortações da Igreja, como ainda agora na Capital Federal ilustre sacerdote, pelo rádio conciliava o povo a uma séria campanha contra a superstição, a inclinação e a pratica da magia se alastram de modo assustador, acarretando efeitos deprimentes em torno das camadas sociais.

MACUMBA CIENTÍFICA

Careta, n. 1714, 03 de maio de 1941

A ciência médica sempre fez guerra ao curandeirismo, devido à concorrência desleal, mas, digamos em seu abono, também pela repugnância que inspiram os que abusam da ingenuidade do povo. O que, porém, não se esperava e que a ciência viesse a fazer concorrência à macumba.

Conta-se, talvez como mera anedota, que um médico foi se estabelecer em uma cidadezinha do interior, dizendo-se, porém, não diplomado, mas curandeiro. Como a clientela começasse a crescer, o caso chamou a atenção das autoridades sanitárias, que chamaram o homem à fala. Atendendo a intimação, exibiu ele um diploma com todas as formalidades, mas pediu pelo amor de Deus que o deixassem "clinicar" como vinha fazendo, pois, se fosse revelada sua qualidade de médico, os doentes seriam capazes de azular.

As anedotas, entretanto, às vezes se convertem em realidade. Em pouco tempo, dois casos se apuraram aqui no Rio, de doutores que faziam macumba, naturalmente porque lhes rendia mais que o exercício regular da medicina.

LUTO NA MACUMBA

Texto de José Asmar

***Revista da Semana*, n. 22, 17 de maio de 1952**

Morreu o homem que desafiou o diabo

Vamos subir o morro. Vamos ver o velho macumbeiro que morreu como qualquer mortal e que está estendido sobre uma singela cambaia, no meio do terreiro povoado de gente melancólica e dominado pelo mistério dos espíritos que dizem estar penando.

Ensinam-nos o caminho:

– Vai pela estrada da Gávea, para no número 250. Aí não há casa. Há uma cancela. Passa por ela e pega a trilha aberta pelos pés de sabe lá quantos crentes e curiosos.

Em uma fralda do morro é a Vila Laboriau. Acertamos com o casebre do famoso João Alfredo de Oliveira, acabado aos 64 anos de idade (asseguram de cochicho que aos 71) e com vinte e tantos de feitiçaria. Parece que um choro de mulher escapa pelas fendas do pau-a-pique e o sol domingueiro não destrói a impressão lúgubre. Dentro, sobre o chão batido, o cadáver vestido de negro está entre quatro velas como todo cadáver pobre. Ao redor, as mulheres o olham e uma apenas o pranteia. É Celina, uma das cinquenta e muitos filhos que, qual um patriarca, João Alfredo foi largando sem se dar ao trabalho de fazer lista.

O Carnaval, um crime e um caso passional

Até agora não há cerimônia especial. Falam da vida do finado. O faroleiro, vestido com o melhor terno, conta-nos que não acredita em macumba. Justifica a sua presença:

– Era amigo do João. Vim para dizer-lhe adeus.

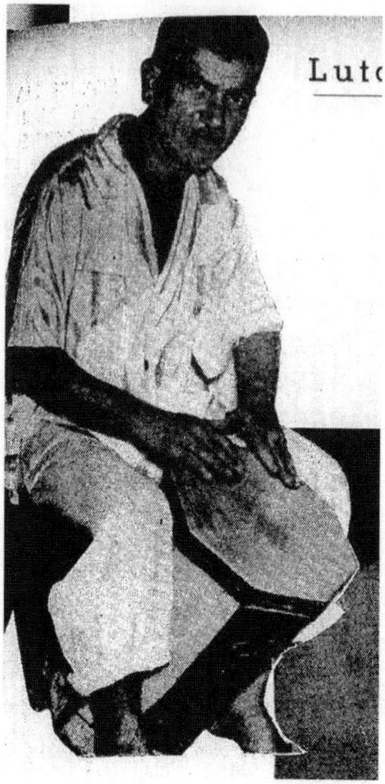

Figura 8: João Alfredo de Oliveira. Foto de Júlio Horta Barbosa. *Revista da Semana*, n.20, 17 de maio de 1952

Narra, então: o homem nascera em Ouro Preto. Teve crescimento no ambiente que nunca perdeu os vestígios da vida que o negro escravo teve. De lá, veio acabar de crescer em Copacabana ao tempo em que Copacabana era um velhacouto[34] de personagens adequadas para cada espécie de crime. João Alfredo fazia as suas farras e, no Carnaval, comandava os "Cravinas" e até o "Chuveiro de Prata". Um dia entrou em desavença com "Zé do Senado", caboclo de nome e desabusado. Semanas mais, matou-o a tiros. Foi preso por um ano, saiu, desonrou a filha da portuguesa Eduarda. Sucedeu que Eduarda se dedicava ao culto dos Orixás. Conversou com João e foi arrastando-o para a macumba. Com ele, outro que seria célebre nos terreiros: Tomaz de Aquino Agnelo. Estava, assim, com a sina traçada. Frequentou feiticeiros, não deu confiança ao "Livro de São Cipriano". Meteu-se na pratica bulindo com materiais de "chamar espíritos" e a soltar os primeiros despachos.

34 Lugar seguro onde se encontra refúgio. Abrigo. Esconderijo.

– Teve vez – acrescentam – que ele mostrou a Tomaz de Aquino Agnelo a supremacia de seu Exu. Isso o engrandeceu.

Desafiou o Diabo!

José Alfredo de Oliveira conquistou a gente simples. Inflingiu-lhe a impressão de que sem seus santos, os seus "manifestos", tudo era impossível. Formou terreiro na Vila Laboriau. As sessões se sucediam e o número de participantes crescia. No meio do mato fez mais dois terreiros. E desandou a trabalhar, a aconselhar a uns, dar garrafadas a outros, encomendar vinganças e a engravidar mulheres.

– Quantas ele possuiu? – perguntam-nos.

Nós não sabemos, evidentemente. Nem, tão pouco, sabem os que lhes foram mais íntimos. Forneceram informação limitada:

– Quantas ele desejou. O seu Exu era o mais forte: Lúcifer.

– Lúcifer?

– Pois era! Bastava ele ter uma questão para resolver, batia na mesa, fazia uma reza brava e invocava o Diabo. Não havia caso de amor que ele não se desenguiçasse.

A cisma coage a revelação:

– Um dia ele quis se casar. Achou bonita e menina a Ondina Sarandó. Demorou pouco, acrescentou Oliveira ao nome da moça. O Diabo havia dito "não". "Seu" Ogum, entretanto, desafiou-o: era bobagem de Lúcifer. Mas – Deus que esteja no céu – Ondina foi tendo um, dois, três filhos e há uns quatro anos ela o deixou.

Olegário de Oliveira, descendente do velho macumbeiro, junta:

– E morreu a caçulinha que ela levou, a Jucirema, que era o encanto do pai.

Passo tardo, sem entusiasmo para as sessões, com outra casou na Rua Marquês de São Vicente, 225, fechada e desfalcada de bens, João Alfredo foi percorrer as imediações do principal terreiro da Vila Laboriau. Sofreu um ataque cerebral.

– Ficou até "esquecido" de um braço. E, às cinco horas do dia 20, morreu quase sozinho!

O santuário desvendado

Saiamos do passado do macumbeiro. Vamos ver-lhe o santuário. Havemos de vencer, antes, as ponderações em louvor do rito místico e bojudo de superstições. O quartinho cheio de coisas encerra um mistério profundo. Falam que não convém vê-lo. Mas acabamos por ser consentidos lá dentro: há duas poltronas, uma forrada de cetim vermelho, outra está nua. Naquela, sentava-se "Seu" Ogum, nesta Mãe Oxum. Em um toro curto, punham São Sebastião, o Arranca Toco, patrono do terreiro. E, no banquinho incômodo, devia ficar Pai João.

O santuário está defronte: dezenas de imagens (muitas de São Jorge, o Orixá Guerreiro), versos, sereias, castiçais, velas, coisas. Sob a armação e escondidas, as bilhas dos filhos de Ogum, cheias de água. Na parede, entre pequenos oratórios e pendurada em um prego enferrujado, uma grande chave, com fitas coloridas amarradas. Explicam-nos:

É a chave de São Pedro.

Sobre o altar, um enorme colar, a Guia de Búzios, trazido da África, presente de um filho de santo daquele Continente. Ao pé de tudo, a "simpatia" pela morte do macumbeiro: um prato com pipocas, um copo com água, duas velas acesas.

– É para os guias iluminarem o espírito de "Seu" Ogum.

Altas figuras no alto do morro

É notório na Vila Laboriau e não há frequentador dos terreiros de João Alfredo de Oliveira que não divulga, com o orgulho de quem ostenta um troféu custoso:

– Aqui pisou muita gente importante.

– Quem, por exemplo?

Revelam: por mais de uma vez pessoas íntimas do Catete tem estado lá – lembra um compadre de "Seu" Ogum. Também em noites escuras subiram a íngreme ladeira, que começa no número 250 da estrada da Gávea, o Senhor Edgard Estrela, o delegado Brandão Filho e muitos outros. Um deles se tornou tão amigo que servia de cicerone para diplomatas estrangeiros, ávidos de conhecer os meandros da macumba carioca.

As sessões de João Alfredo de Oliveira constituíam, destarte, um espetáculo de ativismo negro, herdado por ele do Pai Malaquias, que veio escravo de Moçambique e faleceu em Minas Gerais com 105 anos.

Silenciam os tambores

A noite de domingo chega. Filhos de santo promovem em torno do corpo quieto um ritual exótico. Cantam um cântico lúgubre, batem palmas cadenciadas. Os meninos não adormecem e vão guardando na mente virgem as imagens de homens e mulheres dançando com sombras se confundindo nas paredes mal rebocadas. Os tambores não rufam com sons secos. Invocam-se os Orixás. Os crentes, suando e movendo-se, parecem impor àqueles despojos a mensagem simbólica do lamento de todos. Impressionam-se com a ocorrência lutuosa perto do dia de São Jorge, Ogum Megê, cuja imagem é venerada com ímpetos extraordinários.

Lá em baixo, as ondas do mar se desdobram na praia de São Conrado. Dentro dos carros, namorados voltam dos passeios e, nem todos, decerto, se lembram de indagar a causa dos cânticos esquisitos que descem da Vila Laboriau e que morrem lá em baixo, sem eco.

A "guerra fria" dos filhos de santo

Percebe-se uma desunião entre os filhos de João Alfredo de Oliveira, os filhos de santo e participantes assíduos das noitadas de magia no terreiro. Com a morte do velho macumbeiro, agitam-se homens enquanto, no dia do enterro, as mulheres já se debulham em pranto copioso. Há rumores de que ainda foi o casamento ruinoso de João Alfredo com a jovem Ondina o motivo do desentendimento. Ondina, que desde 1949 era Mãe de Santo, reaparece vestida de negro e é obrigada, por parentes, a não se deixar fotografar. Mas o repórter já estava de posse de flagrantes em que ela aparecia, junto do macumbeiro que foi seu esposo.

Ninguém deseja opinar sobre quem tomará o lugar de Ogum João. Sugerem o nome de um irmão. Todavia, aventam que isso se resolverá mais tarde.

– Por agora – esclarecem – o terreiro ficará de luto fechado por três meses, mais três de luto aliviado, isto é, podendo ser visitado pelos filhos de santo. Os tambores só poderão se batidos daqui a um ano.

Sepultura número 3313

Trocam a roupa preta do macumbeiro. Vestem-lhe uma farda branca, de botões dourados. Deixam-no descalço e colocam-no no caixão claro, que foi forrado com as roupas multicoloridas e defumadas em um ato cheio de contrição e sentimento. Celina, aquela filha de João Alfredo a quem nos referimos no princípio, desmaia perto do repórter, que ajuda a ampará-la. Cantam no ritmo fúnebre e uma jovem descalça quer saber:

– Ogum já baixou?

Carregam, finalmente, o caixão para fora. Está pesado e vai sobre os ombros de quatro homens. Descem a ladeira comprida e tortuosa. Chegam à cancela, onde o coche espera o esquife. Forma-se o cortejo, com uns vinte carros. A marcha é rápida até o Cemitério de São João Batista. Existem os papéis exigidos para um funeral de qualquer mortal e conduzem o caixão para a encosta do morro que, no fundo, passou a ser uma ampliação do cemitério. Na beira da sepultura 3313, quadra 14, há um discurso ligeiro. O caixão baixa à cova. Os parentes, os amigos, deitam-lhe em cima a pá de cal virgem e a terra o cobre.

E todos se retiram, aos poucos, imbuídos da convicção de que em breve, em um terreiro qualquer, falariam com "Seu" Ogum, o macumbeiro João Alfredo de Oliveira, que logrou empolgar tantas pessoas e influenciar tantos destinos humanos neste mundo de meu Deus.

EXU TRANCA RUAS SURGIU CERCADO DE CRIANÇAS

Reportagem de Hélio Rosa

***Flan – O Jornal da Semana*, n. 26, 04 de outubro de 1953**

Um cachorro uivava para a lua quando paramos o carro na rua deserta, perto do terreiro. Faltava um quarto para a meia noite, mas o ruído dos tambores e o canto dos cambonos chegavam até a rua, anunciando que a festa de Cosme e Damião já tivera início. Atravessamos o velho portão, fomos pé ante pé pelo corredor escuro e entramos na macumba. A máquina de Jankiel – sempre engatilhada para um flagrante rápido – explode um *flash*, quando ele tropeçando espetacularmente em uma pedra, cai ao chão. Os homens se assustam com o clarão da lâmpada e se acercam de nós fazendo centenas de perguntas. Há grande expectativa e tensão no ar quando Exu Tranca ruas se aproxima e fala:

– Filho de Umbanda não cai. Se vocês vêm de Aruanda quem lhes mandou?

Enquanto Jankiel balbucia uma resposta qualquer, observo: É um homem alto, magro, envergando uma capa de veludo encarnada, semelhante a do Deputado Tenório Cavalcanti. O homem estava em transe, transfigurado. Era ele o Babalaô, Pai de Santo do Terreiro da Tenda São Jorge, na Vila da Penha. Encarnava, no momento, o Grande Exu Tranca Ruas. Mantinha um olho cerrado durante todo o tempo da conversação. A testa franzida, cabelos desgrenhados, empunhava uma cumbuca com uma bebida escura. Nisto, virou-se para mim:

– Vem cá moleque, tua gira como vai? Você tá formoso? Vem curiá no meu oti.[35]

E estendendo o braço deu-me de beber. O liquido era escuro e tinha gosto de vermute e cachaça, misturado com pimenta. Tomei um gole e passei para Jankiel, que não teve outro remédio senão beber da mesma cumbuca.

Exu Tranca Ruas retomou a bebida, botou as mãos em nossos ombros e disse:

– Tá se vendo que vocês são curiosos, não são da lei. E

35 Cachaça.

olhando para a máquina de Jankiel:

– Cuidado com a tua vida moleque. A Umbanda tem mironga!

E se afastou com uma gargalhada sinistra, teatral, para perto dos cambonos em um canto do terreiro, junto do congá. Ao seu lado, no chão, está uma mulher sentada, fumando um pito. É a Pombagira, mulher dos sete Exus. Conversa com ela em uma linguagem estranha e homens e mulheres começam a cantar o ponto:

Cosme e Damião cadê Doum
Estava passeando no cavalo de Ogum

Depois da cantoria, cerca de quarenta homens e mulheres idosos brincavam como crianças no centro do terreiro. Havia uma velha de seus sessenta e cinco anos que engatinhava pela terra empurrando um caminhãozinho de matéria plástica. Um homem idoso brincava de "pegar", com um rapaz, enquanto dezenas de outros pulavam "carniça", pediam um tostão, balas e doces aos circunstantes. É que toda aquela gente estava em transe, com o espírito das crianças no corpo. Eram Cosme e Damião, Alabá, Sianinha, Pedrinho, Joãozinho e dezenas de outros nomes infantis.

Cosme e Damião são cinco

Segundo a História Sagrada, Cosme e Damião, santos católicos, nasceram no ano 276, na Arábia. Desde os primeiros anos de suas vidas dedicaram-se os dois irmãos, à realização de missões em benefício dos pobres. Tinham particular admiração pelas crianças, batizando as que não eram cristãs. Ao chegar ao conhecimento do Imperador Deocleciano, que os dois irmãos andavam fazendo milagres, sua ira desceu sobre Cosme e Damião que foram tenazmente perseguidos. Não esmoreceram e dedicaram-se à medicina para curar os doentes. Mais tarde, foram decapitados.

Estes dois santos da Igreja Católica são talvez, politicamente, os mais sagazes, pois conseguiram o verdadeiro milagre de, embora canonizados católicos, serem adorados pelos espíritas e pelos cultos afro-brasileiros da Umbanda.

Venerados nas igrejas e nos terreiros, o dia de Cosme e Damião é um dia de festa para a criançada. Em todos os bairros se observa grande movimentação de famílias até altas horas da noite. Os pais levam os filhos aos terreiros, às sessões e aos templos.

A muita gente parecerá estranha a figura de um terceiro santo que aparece ao lado de Cosme e Damião. Chama-se Doum. Era irmão dos dois gêmeos e faleceu anteriormente. A ele devem Cosme e Damião a sua fé.

Nos terreiros, Cosme e Damião são praticamente cinco: Cosme, Damião, Doum, Alabá e Sianinha. O sincretismo católico-umbandista assemelha a Cosme e Damião os Ibeji, orixás-erês, que são orixás-meninos e que gostam de doces e brinquedos quando baixam nos terreiros, transformando os adultos em verdadeiras crianças que brincam, correndo, saltitando. É talvez a única ocasião em que é permitido rir a valer nos terreiros, perante os congás.

VOODU

Texto de Franklin de Oliveira

O Cruzeiro, n. 2, 22 de outubro de 1954

Antilhas; Centro América. Cheira a mar, cheira a aventuras. E este rumor surdo dentro na noite? Esta é a melopeia soturna, atravessando o oceano, vindo lembrar a Bahia? Os tambores estrugem. Bombos ribombam, atabaques, música criando a epopeia negra da Centro América, viva nos poemas de Guilhem, de Balla-

Figura 9: Altar do Voodu. Foto de Pierre Verger. O Cruzeiro, n. 2, 22 de outubro de 1954

gas. O voodu é a versão antilhana da macumba. As mesmas raízes sonoras, míticas, religiosas, correndo pelo chão centro americano até o coração negro da África. Essas raízes profusas e seculares trazem seiva ao voodu, ritmo telúrico, demoníaco, bárbaro, selvagem. Ritualístico e mágico é uma realidade das terras africanas plantadas na América. Irmã da nossa macumba.

MACUMBA NA TORRE EIFFEL

Texto de José Medeiros

***O Cruzeiro*, n. 42, 31 de julho 1954**

Repetindo os sucessos alcançados em Londres, Espanha e Portugal, o Ballet Brasiliano (Teatro Folclórico Brasileiro) fez vibrar, com nossos ritmos, as plateias parisienses – Brilhante participação no Festival de Bruges, na Bélgica – Não tiveram a ajuda prometida do governo brasileiro, mas, mesmo assim, permanecerão na Europa até 1955.

A ideia era a seguinte: realizar um espetáculo, se não digo autêntico, pelo menos teatralmente autêntico no pátio do Palais de Challiot. A Torre Eiffel seria focalizada ao fundo, dependendo das angulações de Luciano Carneiro e Luiz Carlos Barreto. Logicamente que o Ballet Brasiliano, como é conhecido o nosso Teatro Folclórico Brasileiro, não estava em Paris para brincadeiras. Durante quatorze semanas, repetindo os sucessos alcançados em Londres que foi um verdadeiro delírio, na Itália, Espanha e Portugal, no Théatre de l'Etoile de Paris, cada noite os jovens componentes apresentavam-se para uma casa lotada, que vibrava com nossos ritmos. Além das apresentações normais tiveram gravações de discos *long play* e exibições, tal como Londres, na BBC, na televisão francesa em um programa com Michele Morgan, Charles Trenet, o trêfego cantor tão nosso conhecido pelos seus estrelismos neste lado do mundo e também Jean Sablon.

O difícil não foi ter o pessoal à hora certa. Cada um levou seu traje. Os telefones andaram tocando e, na tabela do teatro, foi colocado o aviso: "Todos os bailarinos do quadro "candomblé" amanhã, às 15h30min, com os respectivos trajes deverão encontrar-se no pátio do Palais de Challiot, devidamente maquilados, para posar para uma reportagem da revista *O Cruzeiro*". Quinze minutos antes da hora marcada começaram a chegar. Os trajes exóticos de filhas de santo chamavam atenção. Em Paris, para quem um traje chama a atenção, Santo Deus, é necessário ser mesmo exótico. O leitor que conhece Paris deve ter visto ali as coisas mais descontroladas, em matéria de trajes. Homens de saias, quero dizer, escoceses, sentam-se calmamente nos bares e ninguém repara. Hindus, com seus turbantes coloridos, também se sentam com as respectivas esposas, vestindo o *sari*, e ninguém dá bola.

Figura 10: Roberto e Waldemar tocam os tambores em frente à Torre Eiffel. Foto de Luciano Carneiro. *O Cruzeiro*, n. 42, 31 de julho 1957

Mas acontece que começou a juntar gente, antes mesmo que os tambores de Roberto e Waldemar dessem os acordes iniciais. Quando a função se iniciou mesmo, veio um guarda. Quis impedir que continuasse a apresentação. E, enquanto Haroldo Costa parlamentava com o intransigente representante da Soreté, Luciano e Luís Carlos aproveitavam as marcações de macumba, dirigidas pelo primeiro bailarino, Gilberto Brea. Tudo acabou bem. O guarda foi na "conversa" do Haroldo Costa. Ainda, em Paris, o Teatro Folclórico gravou, sob a direção do maestro José Siqueira, tendo como solista a grande cantora Alice Ribeiro e uma grande orquestra, um *long play* para *Le Chant du Monde*.

Os elementos do Brasiliano fizeram coro. O maestro José Siqueira iniciou assim o seu contrato com o Teatro. Convidado

Figura 11: Apresentação do espetáculo da macumba em frente à Torre Eiffel. Foto de Luiz Carlos Barreto. *O Cruzeiro*, n. 42, 31 de julho 1957

para assistir uma conferência promovida pela UNESCO aonde falaram Haroldo Costa, Askanazy e Vinicius de Moraes, o famoso maestro entusiasmou-se de tal forma que logo depois assinava contrato com o grupo. Ele e sua esposa, Alice Ribeiro. Siqueira tratará de melhorar os arranjos e as orquestrações como diretor musical, e Alice Ribeiro tomará parte nos espetáculos, cantando números de folclore, tais como *Zalão* de Jaime Ovale, *Boi Bumbá* de Waldemar Henrique etc.

A conferência feita em Paris sob os auspícios da UNESCO, foi um êxito absoluto. Pessoas das mais variadas nacionalidades e de forte prestigio cultural estavam presentes. O ministro Octávio Tarquínio de Sousa, o professor Luís Heitor, o pintor Cícero Dias, o professor Paulo Carneiro, delegado permanente do Brasil junto à UNESCO, o presidente do Instituto Internacional de Teatro André Josset, para citar só alguns, e segundo todas as opiniões, foi um marcante acontecimento cultural. O teatro estreou em Amsterdam, depois de ter participado do Festival de Bruges na Bélgica. Ficará na Holanda até o fim de agosto.

FEITICEIROS E CURANDEIROS NOS SÉCULOS XIX E XX

Antes de iniciarmos a abordagem dos jornais paulistanos sobre a prática da macumba, selecionamos alguns trechos de periódicos onde fica patente o curandeirismo e a feitiçaria desde a metade do século XIX. Vejamos uma carta de um morador da cidade de Itu, enviada ao Bispo de São Paulo, sobre a atividade de um negro feiticeiro e curandeiro.

***Correio Paulistano*, n. 109, 03 de novembro de 1854**

Ilustríssimo e Excelentíssimo Senhor Bispo de São Paulo.

Certamente terá assistido as discussões e lido o que se tem escrito sobre um negro curandeiro de feitiço que aqui há. Este negro, segundo a opinião de gente muito boa, tem feito muito mal, e não sei o que é mais digno de admiração, se a estupidez e charlatanismo deste negro, ou a credulidade e superstição deste povo.

Agora a carta do morador da Ilha de São Sebastião, Vicente José Ramos, ao Bispo de São Paulo.

***Correio Paulistano*, n. 109, 3 de novembro de 1854**

Ilustríssimo e Excelentíssimo Senhor Bispo de São Paulo.

Por este anúncio a Vossa Excelência, Reverendíssimo, que a sua ovelha José Vieira, morador na Ilha de São Sebastião, ferreiro e homem que tem com que viver, aqui está há quinze dias, em casa de um célebre Manoel Joaquim Pereira Rosa curando-se de feitiço. Apresentarei as testemunhas do que assevero, e indicarei o curandeiro que é um negro congo.

Estes congos trazem enfeitiçada a Vila de Caraguatatuba; e admira, Reverendíssimo Senhor, que, embora a raça se apure dando-lhe uma cor mais nobre, é impossível modificar-lhes a inclinação que tal raça tem para o mal.

Este fato de feitiço passa-se no coração desta vila: ouvi dizer que este homem foi aconselhado por um célebre, mas não distinto Cabral, morador do bairro, que dizem já fora frade (o que não posso asseverar), mas que Vossa Excelência, Reverendíssimo poderá sindicar: o que eu afianço a Vossa Excelência, Reverendíssimo, por caridade se dignará despachar como for de justiça este meu requerimento, aconselhando-me ao mesmo tempo, se conhecer que estou no caminho da perdição. Afianço a Vossa Excelência, Reverendíssimo que estou muito calmo na presente ocasião, mas confesso também, que tenho ocasiões em que, por causa destas injustiças, fico irado.

Este grande pecado, que eu não tinha, é filho da falta de regularidade na sua diocese.

Um prelado é um homem, por isso pode errar, e por isso pode governar mal a sua igreja e pode ser muitas vezes injusto por falsas informações ou por demasiado crédulo.

Ilustríssimo e Excelentíssimo Senhor Bispo – Por caridade peça ao Reverendíssimo Vigário de São Sebastião que não nos odeie e que nos abençoe, e peça à Nosso Senhor Jesus Cristo por todos nós e ao vigário de São Sebastião que não espere pelo advogado para responder à carta exarada.

A paz do Senhor seja com nossas almas.

Caraguatatuba, 4 de fevereiro de 1859.

Vicente José Ramos.

A Província de São Paulo, 6 de março de 1879

Feiticeiro – Lemos no "Guaripocaba de Bragança": Para o lado das Pedras mora um preto velho, tido e havido como tal. Sua casa é frequentemente procurada por forros e cativos, que vão consultar ou receber lições de bruxaria, havendo mesmo reuniões em certas noites com caráter de sessão fatídica. Admira que nesta época haja quem ainda acredite em feitiçarias que, quando muito, podem ser, sob certas fórmulas e aparato, a aprendizagem de saber conhecer drogas nocivas ou plantas venenosas, com o fim de fazer mal à vida dos senhores ou desafetos. Esses focos, em que alimenta a credulidade estúpida de pessoas ignorantes e mal intencionadas, devem ser banidos dentre nós.

À autoridade compete não permitir tais reuniões, obrigando este embusteiro, explorador de magras algibeiras a assinar termo de bem viver, e no caso de continuar com suas imposturas fazer sobre ele recair o rigor da lei.

O Estado de São Paulo, 2 de fevereiro de 1907

A polícia deu anteontem uma busca em uma casa da Rua São Benedito, onde reside Maria Rita de Oliveira, acusada de fazer feitiçaria. Na casa em questão encontrou a autoridade vários apetrechos para feitiçaria. Maria Rita declarou, com toda sinceridade, que curava e tirava o demônio do corpo dos incrédulos.

O Estado de São Paulo, 2 de fevereiro de 1908

Continuou ontem na quinta delegacia o inquérito contra o espanhol Raphael Estevam, estabelecido à Avenida Rangel Pestana com fábrica de camas e colchoaria, que explorava com resultados pecuniários a crendice pública. Uma das testemunhas ouvidas pelo Senhor Dr. Enéas Ferraz disse que Raphael recebera e aceitara de uma mulher uma encomenda para preparar um veneno secreto, que matasse sem deixar vestígios de crime, cujo veneno seria destinado a uma criança. À vista da gravidade da acusação o quinto delegado trata de averiguar sua veracidade.

Folha da Manhã, 13 de julho de 1925

A Delegacia de Costumes e Jogos, a cargo do Dr. Mário Bastos Cruz, iniciou ultimamente duas oportuníssimas campanhas! Uma contra os chantagistas do espiritismo, outra contra os chamados feiticeiros, classe que explora em São Paulo, abertamente, a crendice popular. Dentro do coração da cidade, à Avenida São João, há pouco menos de dois meses, o Dr. Cruz apanhou em flagrante um preto afamado em adivinhações e em curas das mais difíceis moléstias. Sua casa era frequentada diariamente, até por gente da alta sociedade, que acreditava nas suas intrujices como se tratasse de um oráculo.

Folha da Manhã, 10 de abril de 1926

A ação da polícia, a princípio tenaz, não sabe por que foi esmorecendo, ao que parece por completo. E os candomblés, fechados então, foram se abrindo de novo disfarçadamente, voltando os intrujões, verdadeiros parasitas da sociedade, a ganhar pingues quantias neste comércio extorsivo de iludir a boa fé de gente simples.

Um velho Pai de Santo, Ismael Vicente, que fundou em 1949 sua casa, relata seu diálogo com o delgado que o intimara a comparece à delegacia:

> Intimaram-me na polícia. Na Delegacia de Costumes falei com o Dr. Armando Correia Braga. Aí ele queria que assinasse um compromisso: "Você vai assinar um compromisso para deixar esse negócio

de macumbaria, de feitiçaria". "Não assino porque não sou mentiroso. Eu não vou dizer para o senhor nem para ninguém. Eu não vou deixar de trabalhar". Ele disse: "Eu ponho dois inspetores na sua porta". Eu disse: "Não adianta". Ele disse: "Você trabalha com eles lá na porta mesmo?" Eu disse: "O senhor pode vigiar minha casa, mas a mata o senhor não vigia, é muito grande".

NO REINO DAS MACUMBAS

Diário Nacional, **n. 848, 04 de abril de 1930**

A polícia carioca, nestes últimos dias, não tem dado tréguas às feiticeiras, perseguindo-as dentro das próprias "macumbas".

Assim, talvez, os exploradores da crendice popular não terão oportunidade de prever o futuro e contar o passado de quanto incauto se lhes apresente, buscando conhecer o dia de amanhã. No Rio de Janeiro, com relação a São Paulo, o número de macumbas é muito maior. Certamente relatam-nos episódios de perseguições policiais contra as feiticeiras e feiticeiros, parecendo que, posto constantemente as macumbas sejam fechadas, seu número cresce sempre.

Há dias, a delegacia especializada deu uma batida na casa número 117 da Rua Dias da Cruz, onde reside a feiticeira Constança Correia.

Era preciso surpreender a mulher adivinhando o futuro de alguém, caracterizando o flagrante.

Postaram-se nas imediações da referida casa, esperando a chegada de clientes. Chegando duas senhoras, que entraram, as autoridades também ali penetraram, minutos após.

Enquanto invadiam a residência dos milagres, Constança saltava os muros dos quintais vizinhos e desaparecia. É que, prevendo a visita de inimigos da sua arte, tivera o cuidado de fazer um buraco por trás do muro, e, sem que nada de extraordinário houvesse nisso, presenciara a aproximação dos policiais.

Mas, São Paulo também tem as suas macumbas e de vez

em quando a policia visita-as e, juntamente com lata de búzios, dados e baralhos encardidos, conduz o adivinho à delegacia, sem que o detido tivesse no dia anterior previsto sua prisão.

A macumba é o ninho do feiticeiro. Oratórios, baralhos, imagens de santos e paus enfeitados com panos de todas as cores, amarrados a uma das pontas, bugigangas de toda natureza. Dentro, um homem de cabelos despenteados com aspecto de quem prevê o futuro, ou uma mulher feíssima, sem dentes e sem cor.

Não é raro um desses antros receber a visita de pessoas de certa educação, bem vestidas, em um contraste chocante com o ambiente.

O que se observa, no entanto, é que quase todos os profissionais nessa arte tão nociva se propõem resolver negócios de amor. Se o visitante tem dezoito anos, diz o feiticeiro ou feiticeiro, que ele tem um segredo no coração que não conta a ninguém. Se a noiva parece esquiva, querendo desmanchar o noivado, apresentam receitas como esta: "Enterrar no fundo do quintal dois pacotes de velas, uma camisa nova de mulher, um lenço e uma palmilha do calçado da ingrata". Isto feito é só esperar passar uns dias e a noiva aparecerá risonha, feliz e disposta ao casamento.

Quando, é claro, o noivo se dispõe a casar e por em pratica tal receita, é por que é desequilibrado: onde um mortal pode buscar ou arranjar um pedaço do sapato daquela que foge dele? Se não fugisse, apenas a noiva percebesse essa disposição por parte do seu eleito, fugiria, por que seria sinal de loucura mansa. Conta-se que um jovem certa vez brigou com a noiva e fixou residência na esquina da casa onde aquela residia, encostado a um poste.

Quando a moça soube que o que ele queria era um pedaço da sola do sapato, chamou o pai, juntou a família, fechou a janela, chamou a policia e mandou prender o louco.

Esse louco correu então à casa da feiticeira e deu-lhe com um pedaço de pau na cabeça, e indo os dois para a cadeia, viemos, a saber, dessa receita, que aí fica à disposição do leitor.

Certa vez a polícia deu uma batida em uma macumba situada em dos nossos bairros. Intrigou-nos, no entanto, saber como os homens da policia puderam descobrir, sem que alguém se queixasse, da existência de uma feiticeira que até então era absolutamente ignorada.

Soubemos, então, que uma jovem esperava o bonde no Largo da Sé, quando um moço foi se aproximando. Chegava mais perto, parava um pouco. Levantou a mão esquerda, como um fascista, e foi chegando, chegando. De repente, foi baixando a mão, espalmou-a como se fora apertar a outra, olhos parados, chegou mais perto, e disse:

– Bom dia.

A moça quando viu aquele cumprimento mais sem propósito, gritou, chamou um "grilo", juntou gente, e o nosso homenzinho foi parar na cadeia. Era um jovem que a moça desconhecia, mas que era seu vizinho e estava apaixonado por ela.

Tinha medo de mostrar-se. Correu, então, à casa da feiticeira e esta mandou que ele fizesse assim, que, se ela não desandasse a correr, seria, afinal, sua noiva.

O pobre moço arriscou. Mas, como foi preso...

É que, por sorte, a gente de juízo e a polícia não sabem concordar com os vendedores de felicidade.

REPRODUZ-SE NOS ARREDORES DE SÃO PAULO UM QUADRO DE BRUXARIA DA IDADE MÉDIA

Diário Nacional, n. 1084, 21 de janeiro de 1931

Uma casa cheia de lances impressionantes e imprevistos desvendou a policia de costumes, percorrendo o tenebroso subterrâneo que a habilidade de um individuo, certamente anormal, edificara, em um sítio deserto, entre Vila Carrão e Vila Ema, próximo do Rio das Pedras.

Os antecedentes desse fato, original na história da polícia, podem ser resumidos em algumas palavras.

O local referido, despovoado quase por completo, tendo apenas de quando em quando, a temperar-lhe a solidão, a casa tosca de algum sitiante, foi há pouco adquirido por uma empresa que pretendia transformá-lo, vendendo-o em lotes, a prestações. Apareceram então levas de trabalhadores que principiaram a derrubada da mata e o nivelamento do solo.

Uma turma desses operários, adentrando-se no serviço, chegou em certa ocasião a uma capoeira onde se viam ainda vestígios de uma trilha. Nesse emaranhado impenetrável de galhos e cipós, estava um casebre construído de barro e formando um só aposento.

Penetrando a custo nesse local, defrontaram-se os trabalhadores com um recinto tosco, as paredes cobertas de sinais cabalísticos e de signos. O chão era inteiramente ocupado por um orifício que servia de entrada à galeria subterrânea.

Um mistério escondido há muitos anos

Uma forte curiosidade levou-os a vencer a impressão do medo causado por aquela descoberta lúgubre e ninguém deixou de descer à misteriosa galeria, descobrindo a cada momento, traços mais bizarros da passagem por ali de um ser exótico.

Esses fatos só chegaram ao conhecimento da policia, dias depois apesar do alarde que provocaram. Imediatamente esta tomou as providências necessárias, tendo procedido ontem, a uma vistoria no local, os doutores Antônio Dias Menezes, Delegado de Costumes e Jogos, e Rebello Netto, da Polícia Técnica.

Novos e curiosos pormenores foram colhidos e que passaremos a descrever aos nossos leitores.

À entrada da galeria, que já descrevemos, veem-se, em tinta preta, uma cruz enorme, o signo de Salomão, e a seguinte inscrição:

Regnum Dei

Entrando-se por uma descida brusca e sem degraus, fica-se no interminável corredor subterrâneo, escuro, e só de vez clareado por um alçapão, que também serve de respiradouro.

A galeria é estreita, dá passagem a uma só pessoa, sendo escarvada desordenadamente, ora subindo, ora descendo, ao mesmo tempo em que descreve curvas acentuadas.

Percorrem-se assim cinquenta metros, entre pinturas negras de sóis, triângulos, cruzes, espadas, cobras, até a sala igualmente subterrânea e onde mudam as decorações e a estrutura.

Prossegue depois de outra porta o subterrâneo, até a casa onde morava o seu estranho construtor.

A residência do feiticeiro

Esse homem pode-se dizer um feiticeiro, em virtude da sua convivência em um meio, onde tudo indica que se faziam bruxarias ou coisas semelhantes.

Ele possuía, contudo uma casa regular, e onde também só observavam as mesmas e estranhas manias. A parede branca do dormitório do feiticeiro estava pintada com os mesmos sinais, circundando, curioso é notar, dez quadros a óleo, representando paisagens que revelam algum senso artístico. E, estampadas na parede, só poderiam ser obra do feiticeiro, que em tudo indicava suas intenções ou presunção de que a sua macumba não caísse sob os olhos de alguém.

O teto do quarto, pintado de azul claro, representava o céu, tendo ao meio, o sol, com dois raios.

No soalho ficava o alçapão disfarçado por um tapete, e por onde já se podia comunicar também com outro subterrâneo, que levava o feiticeiro, até um cercado de criação de porcos.

Nessa variação do subterrâneo, encontravam-se os mesmos aspectos.

Vê-se assim que a galeria tinha a forma de um ângulo, com o vértice na casa do feiticeiro, possuindo no seu percurso, mais entradas ocultas.

O homem da capa preta será encontrado

O mistério vê-se, está esclarecido. Falta, porém descobrir o feiticeiro que no dizer dos moradores da vizinhança, é o individuo Álvaro de Souza.

Muita gente das redondezas, que soube da descoberta, foi até ali em peregrinação, implorar as graças desse sujeito, que diziam santo.

De fato ali residiu Álvaro de Souza há bastante tempo, e quando se retirou, teve o cuidado de carregar toda a sua muamba. Apenas se esqueceu de duas caveiras, de uma estátua de Buda, trabalhada em um tijolo, e de peles de gatos, e de cobras onde estão gravados dizeres incompreensíveis.

Deixou também uma capa preta que certamente deveria usar no seu esconderijo, fantasiava-se com ela e, percorrendo assim as galerias escuras em suas praticas, deveria ser bem horrível a sua figura.

Ele poderia pretender dessa forma sugestionar seus clientes.

É mais provável, entretanto, pelo local que escolheu, longe dos centros urbanos, e de vizinhança, que ele seja um psicopata.

FEITICEIROS OU VÍTIMAS DE INTRIGAS DE VIZINHOS?

Diário Nacional, n. 1112, 24 de fevereiro de 1931

Na estrada de São Miguel, adiante do bairro da Penha, conforme várias denuncias recebidas pelo Dr. Acylino Pessoa, 8o Delegado de Polícia, dois indivíduos haviam instalado uma macumba, onde recebiam muitos clientes.

Por tal forma foram as reclamações que essa autoridade resolveu afinal, dar uma busca na casa denunciada.

A diligência policial efetuou-se ontem pela manhã, sendo bem sucedida, pois além de prender os feiticeiros, Antônio Ângelo Alcântara e Cesário Ferraz, apreendeu todo o material de "fazer milagres", que se resumiam em gravuras, imagens de santos, velas, orações etc.

Feiticeiros e feitiços foram removidos para o Gabinete de Investigação, onde ficaram à disposição do Dr. Antônio Dias Menezes, Delegado de Costumes e Jogos, que vai processá-los convenientemente.

No presídio da Rua dos Gusmões, ouvimos ontem à noite, o interrogatório de Antônio e Cesário, que foi muito breve, porque ambos negaram que exercessem o curandeirismo, ou qualquer outra pratica condenada.

Foi Antônio Alcântara, um mulato desembaraçado e de bigode cuidado, quem respondeu a quase todas as perguntas da autoridade, pois seu companheiro, muito retraído, limitava-se quase exclusivamente, a confirmar o seu depoimento, com meneios de cabeça.

– Eu, doutor, e o Cesário, nem sabemos o que é essa história de que nos acusam. Trabalhamos honestamente na cidade, e apenas de vez em quando passamos algumas horas no sítio.

– Mas como então explica a origem da denuncia? Dizem que você "concerta" a vida de qualquer pessoa?

– É mentira, doutor, e fruto da inveja de meus vizinhos. Eu tenho um pequeno sítio, que prospera dia a dia, possuindo mesmo alguma criação.

Um dia desses um leitão de minha propriedade, furando a cerca, invadiu o quintal do vizinho, cujas plantações devastou.

Soube depois que o prejudicado ficou raivoso com o sucedido, prometendo na primeira oportunidade, assassinar o animal.

Diante disso, apresentei queixa a policia, indignando mais ainda o vizinho que, de comum acordo com outras pessoas, invejosas do meu progresso, levantaram essa calunia contra mim.

Antônio Alcântara fala com desenvoltura, e suas declarações são confirmadas pelo companheiro. E ele sabe bem defender-se, explicando até a origem da muamba encontrada em sua casa.

Diz que são apetrechos, com os quais monta anualmente o presépio comemorativo das festas de Natal.

A polícia, entretanto já tem encaminhadas algumas diligências, cujos resultados poderão determinar a responsabilidade de Antônio e Cesário, nesse caso.

SÃO TIAGO DÁ O NOME E MADAME PIEDADE FAZ MACUMBA

Diário Nacional, n. 1172, 7 de junho de 1931

Para os lados de Vila Maria, na esquina da Rua Andaraí, existe um botequim nos fundos do qual se pratica toda sorte de sortilégios.

E sortilégios dos bons, desses de deixar a gente de olhos esbugalhados, nervos enrijecidos, cabelos apontando o céu.

O local foi bem escolhido. É discreto, longe do centro e atrás do botequim: na frente toma-se "espírito" e nos fundos os "espíritos" tomam a gente. Tomam, sacodem bem como um coquetel e, depois, largam-nos para ali meio tontos, com sede, frio e calor.

Também o sortimento é completo: para quem não é crente em Espiritismo, madame Piedade bota as cartas e lê a sorte. Quem não deseja nenhuma dessas "mercadorias" pode escolher uma "água fluida" para qualquer doença, até a mais grave de todas que é o amor.

Grave, epidêmica e necessária, como disse Vargas Villa, com razão.

Tête-à-tête

– Você não conhece uma solução para essa tremenda crise? Perguntamos, certa vez, a um amigo bem amparado na vida.

– Conheço.

– Pode ensinar-me?

– Depende, é questão de "crença".

Dei muita cabeçada a toa e depois aprendi o caminho. Esta vida é dos espertos e está cheia de coisas esquisitas, inexplicáveis. André: fechei o corpo e joguei para longe os que andavam me atrasando.

– Macumba?

– Não ofenda, faz favor. É por isso que eu disse que é questão de "crença". Vocês duvidam, duvidam e acabam caindo lá. Macumba! Vê lá se seria capaz de meter-me em macumba. É Espiritismo do bom.

– Aceitamos a oferta.

– Que oferta?

– De irmos ao Espiritismo.

– Ahm.

Aquele ahn, prolongado de nosso amigo, pareceu-nos uma recusa. Insistimos. O negócio interessa-nos profissionalmente, jornalisticamente.

Figura 12: A casinha discreta lá na esquina

Se não "endireitassem" a nossa vida, endireitaríamos a vida da macumba.

E fomos.

Chegamos, o botequim é ali, disse-nos o companheiro.

– Botequim?

– Quero dizer, a madame mora nos fundos.

O leitor já entrou alguma vez nessas casas exóticas e místicas, que trazem à alma um misto de crença, pavor e duvida?

Que impressão horrível.

O nosso animo serenou quando examinamos a simplicidade do ambiente.

Na sala, uma mesa, algumas cadeiras simples e oleografias[36]. Só. Isto é, mais madame Piedade, espanhola, de meia idade, simples, bonachona e simpática.

Pouco depois estávamos assentados em frente à madame, que trançava as cartas, olhando-nos com interesse, o rosto, os cabelos, olhos, boca, mãos etc.

– É questão de amor ou negócios?

– Ambos.

– Sim?

E trançou, trançou interminavelmente as cartas sujas.

Depois nos disse muitas coisas sobre negócios e sobre amor também.

36 Reprodução de um quadro a óleo, feita de uma tela para outra.

Sobre os negócios, oxalá não tenha errado madame Piedade, como errou em matéria de amor.

– O senhor vai casar-se e será muito feliz. Muito, mesmo, e terá dois filhinhos encantadores.

– Sorrimos. Não dissemos à madame que somos casados e que já temos os filhinhos. Mas, dizemos ao leitor.

O nosso amigo fez uma reviravolta na cadeira, tossiu e alargou o colarinho.

Coitado, tivemos pena dele.

Mas, a consulta continuou.

– Corte outra vez.

– Cortamos.

– E como lhe disse, as cartas confirmam: uma senhora de alta posição lhe olha com muito interesse e simpatia.

É rica, muito rica. Espere. Essa senhora tem uma filha. Tem sim, olha aqui esta dama de ouros, é ela.

– Quem?

– A filha.

– Vê? Este valete é o senhor. A mãe rica, a filha e o senhor. Isso mesmo. É o casamento.

– E os filhos?

– São estes dois de paus.

Essa é uma carta infalível. É filho na certa. Estando perto de um rei de copas representa três filhos.

– Coitada da madame Piedade. Quando chegar nesta altura da reportagem dirá talvez:

– "Que jornalista infame! E eu que não cobrei a consulta".

Não cobrou mesmo. Fomos em companhia de um amigo da casa, de quem madame Piedade deve queixar-se. Ela é que nos contou o resto, isto é, as outras mercadorias: Espiritismo, água fluida e terços bentos. Contou-nos também que o local é conhecido como Centro Espírita São Tiago.

Propagandista

Quando saímos, um moço bem aparentado perguntou-nos: gostou?

– Assim, assim.

– Ah! O senhor deve vir aqui é de noite. Fica assim de

automóveis. Clientela distinta, gente de fé, uma beleza.

Demos corda ao interlocutor e ficamos sabendo coisas do outro mundo.

O nosso amigo e companheiro puxava-nos pelo paletó, insistindo: vamos, estou arrependido de ter te acompanhado aqui.

Que sujeito malicioso. Quem não é crente sempre duvida.

– Como não somos crentes?

E, voltando-nos para o moço, disse-nos energicamente:

– Somos crentes sim, pode continuar.

E o rapaz contou-nos que a senhora do ex-deputado X (disse nome por extenso), do banqueiro H, do capitalista A etc. vão ali quase diariamente.

O capitalista G, um dia foi sozinho, deixando no automóvel uma linda senhora que não era a dele. Depois a senhora foi consultar e o capitalista G ficou tecendo o bigode, dentro do automóvel.

– Que moço palrador!

– Nessa altura, o nosso amigo indignado já, apontou-nos dizendo:

Este moço é repórter.

E o outro:

– Com licença, até amanhã, muito prazer, sim?

PERIGOSO CHARLATÃO ÀS VOLTAS COM A POLÍCIA

Correio de São Paulo, **n. 269, 26 de abril de 1933**

A Delegacia de Costumes e Jogos, dirigida pelo Dr. Durval de Villalva, está tratando, no momento, de um sinistro caso, no qual se acha envolvido um preto velho, que passava por ai como sendo um milagroso salvador da humanidade sofredora, figurando como vitimas um número infindável de pessoas, que se deixaram levar pela inconsciência do terrível charlatão.

As importantes diligências efetuadas pela delegacia do terceiro andar do Gabinete de Investigações foram iniciadas depois de uma comunicação recebida, há tempos, do delega-

Figura 13: Arthur Guimarães

do de Guarulhos, que informava estar no bairro de Macedo um individuo praticando as maiores monstruosidades, dizendo-se curandeiro, espírita, médium, o diabo...

Há uma semana esse tarado foi preso. Confessou, então, alguns dos seus inomináveis crimes.

No seu *chateau*, no bairro de Macedo, Arthur Guimarães – é este o nome do inconsciente – montara um completo serviço de charlatanismo. Tinha a sua casa e ali recebia toda a sua numerosa clientela. De uns tempos a esta parte, passou ele a exigir dos seus fregueses o seguinte: para que fossem curados, tinham eles que atender a tudo que ele exigisse. Assim é que, para uma cura de tal ou qual moléstia, era necessário que se fizesse uma tatuagem, com um punhal agudíssimo, e em fogo aceso.

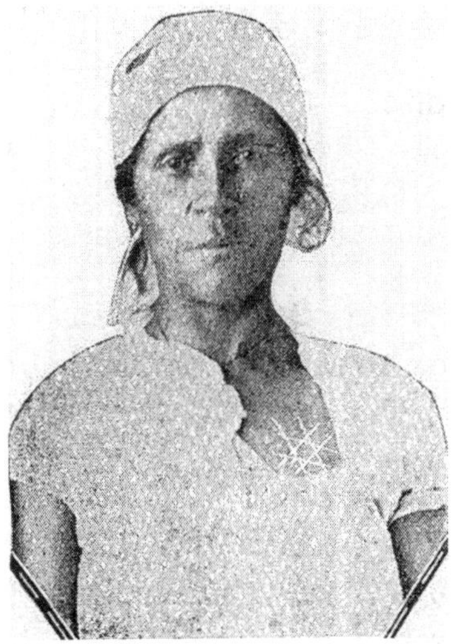

Figura 14: Benvinda Maria da Conceição mostrando uma tatuagem feita com ponta de punhal

Muitos e muitos dos seus clientes, levados pela credulidade, tiveram que atender os desejos do perigoso individuo, isso unicamente para conseguirem a salvação de sua saúde.

São muitos os frequentadores da macumba que tiveram o seu peito marcado, a fogo, com os signos de Salomão.

Arthur Guimarães, agora que se encontra preso, vai pagar pelos seus inomináveis crimes, porque, além de ser um charlatão, dono de macumba, espírita, médium, tudo isto, é também um sádico que praticou uma série de barbaridades, havendo o caso em que se acha implicado como autor da infelicidade de uma mocinha.

Entre as vitimas do repelente individuo, encontram-se tendo ao peito os signos de Salomão: Maria M. Pires, Angelina Ribeiro da Silva, Rosa Maria da Conceição, Felismina Maria da Conceição, Zulmira Maria da Conceição e Lucas Santanna, além de muitas outras pessoas.

Várias pessoas, sob sua influencia, chegaram a enlouquecer. Nas suas declarações, com grande cinismo, Arthur Guimarães disse que, depois de lidar com tantos loucos, acabou por ficar com a cabeça a roda. É um inconsciente. Um tarado. O que a sociedade devia fazer com ele?

MACUMBA! SEMPRE A MACUMBA!

Correio de São Paulo, **n. 300, 2 de junho de 1933**

A Delegacia de Costumes e Jogos sob a direção do Dr. Durval Villalva, a quem está afeto o serviço de repreensão às pessoas que, com mil e uma tolices exploram a ingênua crendice popular, tem se empenhado, ultimamente, em um trabalho assaz louvável de caça aos feiticeiros, macumbeiros, "fazedores de mal" etc.

Ainda agora, por determinação do diligente comissário, Dr. Brasiliense Carneiro, foram presos os feiticeiros Francisco Domingos, Basílio Magalhães e a mulher deste último, de nome Maria Leme de Jesus.

A prisão efetuada por inspetores daquela delegacia deu-se em um subúrbio da Estrada de Ferro Central do Brasil, estação Ferraz de Vasconcelos.

Na casa desses "poderosos" junto aos deuses, encontrou, a polícia, objetos, coisas muitas de feitiçaria e um fuzil com vários pentes de bala.

Os inspetores, então, fizeram a devida apreensão e conduziram os malandros à presença da respectiva autoridade que, após ouvi-los ordenou aos auxiliares do cartório à necessária prontuarização.

Estão sendo processados, portanto, os homens dos "despachos" de Ferraz de Vasconcelos, de onde se conclui que adivinharam tudo, menos o dia que os inspetores reservaram para a tremenda batida.

OS ANTROS DE MACUMBEIROS ESTÃO SE ALASTRANDO POR SÃO PAULO

Correio de São Paulo, **n. 646, 13 de julho de 1934**

Os antros da macumba e de feitiçaria que se espalham por todo o Brasil vão se estendendo sobre São Paulo como uma praga das mais nocivas. A ingenuidade e credulidade não somente das massas incultas, mas de muita gente que se preza de saber ler e possuir um verniz de cultura tem como verdades do Além, simples abusos que nos ficaram de ritos indígenas e africanos. Entre nós a indústria da feitiçaria vem se tornando tão rendosa, apesar da imensidade de "consultórios" que se espalha por São Paulo, que muitos macumbeiros possuem palacetes e automóveis, a exemplo da célebre Sylvia Pinfildi e do major Estanislau, presos ultimamente pela Delegacia de Costumes.

Toda essa multidão de mistificadores da crendice publica é duplamente nefasta: embrutece seus pobres clientes com artes mágicas de um flagrante ridículo e envenena não poucas criaturas com as suas tolas receitas. Muitas vezes os macumbeiros estão envolvidos em crimes como agentes intelectuais. Temos disso um exemplo no mulato Nilo, conhecido feiticeiro da Penha, e que se encontrou envolvido no processo em torno do assassinato da velha Eleuthéria, outra macumbeira.

A Delegacia de Costumes vai agir

De tempos a tempos, a Delegacia de Costumes, por deliberação de seu subchefe, Sr. Norberto Marques dos Santos, vem promovendo batidas contra os antros de macumbeiros, de alto e baixo bordo. E não têm sido poucos os casos em que os feiticeiros, pensando amedrontar os inspetores, se manifestam diante da autoridade, declarando que "deus e os bons espíritos castigarão, infalivelmente, os perseguidores das almas que se encontram na terra para aliviar o sofrimento da humanidade". Contudo, essa tática não dá resultado mais, porque os inspetores (talvez, mesmo, capazes de frequentar macumbas) entraram, antes, em um aprendizado de materialismo que os fazem indiferentes a esse gênero de sobrenatural.

Por estes dias, a Delegacia de Costumes iniciará uma severa investida contra os macumbeiros. Para isso está fazendo o recenseamento dos antros de feitiçaria existentes nesta capital. Logo que o mesmo se encontre concluído, o grito de guerra deixará em polvorosa as criaturas que se dizem sob a proteção inatingível do Além.

Um antro que era uma farmácia

Na sua fúria de "fazer bem" à humanidade, os feiticeiros investem pelos terrenos da Medicina e da Farmácia. Dão remédio para a mais grave doença interna, como não deixam de satisfazer ao cliente que lhes vai pedir remédio para a queda do cabelo. Ainda há poucos dias tivemos ocasião de assistir à chegada, no Gabinete de Investigações de um carregamento de garrafas, frascos, santos e bentinhos, pertencente a um feiticeiro de nome Benedicto, que dava consultas em um casebre para os lados da Mooca.

Uma das garrafas continha um liquido verde, de cor forte, além de outras cheias de líquidos de cores diversas. Perguntamos a Benedicto para que seria o "remédio" do colorido verde.

– Ah! Aquilo é raspa de mulungu com água de capim cheiroso.

– E para que serve, Benedicto?

– Para a queda do cabelo, "seu" moço.

– E cura mesmo a queda do cabelo, ou é tapeação sua?

– O feiticeiro ficou meio ofendido e respondeu com arrogância:

– Já disse cura; é infalível.

Quem tem a cabeça como aquele moço que está ali sentado, o meu remédio é tiro e queda.

O jovem careca, meio encalistrado, fitou Benedicto com

ar de desprezo, enquanto a autoridade mandava recolher o feiticeiro com toda a bagagem de sua vasta medicina.

O ANTRO DE FEITIÇARIA ERA DE UM SARGENTO DA FORÇA PÚBLICA

Correio de São Paulo, **n. 669, 09 de agosto de 1934**

São Paulo está criando fama de cidade de feiticeiros e macumbeiros. Não que a feitiçaria seja entre nós tão completa como no Rio ou no Nordeste. Mas duvidamos que aqueles centros de macumba civilizada possam levar vantagem a esta capital em número de casas de baixo espiritismo e de grosseira feitiçaria. Há meses, a Delegacia de Costumes iniciou tenaz campanha contra os exploradores da crendice popular. E teve ocasião de prender os tipos mais curiosos desses feiticeiros e apreender "farmácias" completas e todo o material que serve para a execução das cerimonias "religiosas". Desde Santo Onofre à garrafada de raiz de rosa, e desde baralho a signos de Salomão. Depois, com maior preocupação pela repressão ao meretrício, a campanha saneadora contra os macumbeiros, foi um pouco relaxada. E os feiticeiros, que já se haviam ocultado em pontos distantes desta capital, voltaram a "cura" desassombradamente.

Figura 15: Castiçais, signos de Salomão, Santo Onofre, o baralho e o material de cura

Por felicidade, o Sr. Norberto Ferreira dos Santos, subchefe de Costumes, lembrou ontem de mandar seus inspetores sondar o terreno da feitiçaria.

A médium era a filha

Os inspetores não tiveram dificuldade em localizar um centro onde se praticava o mais baixo espiritismo e as receitas eram vendidas a 5, 10 e 20 mil réis. Funcionava a macumba em um casebre da Vila Galvão e com o nome, registrado na Policia, de Centro Espírita Padroeira Nossa Senhora Aparecida. Dezenas de devotos e clientes compareciam ali diariamente. O chefe da macumba é o sargento da Força Pública João Santos.

Preto de cerca de 40 anos, tem uma ilha que funciona como médium. Doença por mais brava que fosse, a filha do sargento decifrava e receitava remédio, fabricado por João Santos. Enquanto isso, um preto, secretário do sargento, ia recolhendo os cobres. Chegava a ter férias diárias acima de 100 mil réis. A coisa era tão rendosa que João Santos só não deixou a Policia com pena de não ser mais "autoridade" e perder a aposentadoria.

Pilhados em flagrante

Os inspetores ficaram acampanando o casebre, à espera que entrassem os clientes. Não tardou muito que eles aparecessem em chusma. Duas velhas paraliticas, um velho com um olho inchado e duas jovens. O sargento estava ausente. A filha deu começo à sessão, diante de uma mesa cheia de imagens de santos, baralhos, ervas e frascos de remédio. Em primeiro lugar vieram as moças.

– Quero saber – falou uma delas – porque o rapaz que eu gosto é tão mau para mim.

A pretinha baralhou as cartas e tirou um valete, depois uma dama.

– E a outra menina que está perseguindo ele. Sabe onde se encontram? Não muito longe daqui e às 10 horas da noite...

– Bandido. – sussurrou a moça.

– Não se incomode – fala a médium: – vou amarrar esse menino!

– Antes nós vamos dar uma amarrada aqui em regra aqui – exclamou um inspetor, entrando na sessão.

Foi um "deus no acuda". Corre daqui, corre de acolá. Mas todas as portas estavam tomadas e o violão da Policia esperava na rua. Médium, secretário, santos e receitas foram transportados para o Gabinete de Investigações. Um inspetor ficou à espera de João Santos. Quando o sargento chegou, ficou pasmado com a transformação. Acompanhou o inspetor ao Gabinete, de cabeça baixa.

– Você não tirou a licença para somente funcionar como centro espírita? – perguntou o Sr. Norberto.

– É verdade, "seu" doutor; mas, a gente não pode ver a humanidade sofrer tendo meios de curar.

– Não sabe que isso é exercer a medicina ilegal?

– Nada disso, "seu" doutor, não entro no terreno dos médicos, pratico somente a caridade.

– E o dinheiro que recebem?

– Somente para as velas e comprar ervas e raízes – respondeu João, todo simplório.

O Sr. Norberto fez autuações em flagrante.

É UMA VERGONHA EU TIRAR O RETRATO: SOU MUITO CONHECIDA NA AVENIDA ANGÉLICA!

Correio de São Paulo, n. 745, 7 de novembro de 1934

Houve época, meses atrás, que a Delegacia de Costumes não dava tréguas à macumba e ao baixo espiritismo. Era um nunca terminar de drogas a chegar e encher as salas da delegacia e andava um verdadeiro terror nos arraiais do sobrenatural.

Agindo sob o pretexto de aliviar as dores da humanidade, curar seus males, sempre com os olhos fitos no céu e o coração cheio de caridade, esses macumbeiros não fazem mais que "aliviar" os bolsos do próximo. Com a agravante de serem perniciosos os seus ensinamentos para a moral e nocivas as suas drogas para a saúde.

O negócio era e é rendoso. No furor daquela campanha, foram aprisionados exploradores de centros espíritas que possuíam confortáveis residências e automóveis – tudo tirado e sustentado da economia dos crédulos e ingênuos.

Amorteceu depois a ação policial. O baixo espiritismo e os centros da macumba tornaram-se esquivos. Fugiram do centro da capital para o subúrbio. Meses se passaram. Agora regressam para o centro. A nossa capital já se encontra no-

Figura 16: Fausta, a médium do Centro Espírita Redenção, esconde o rosto

vamente cheia de casas de baixo espiritismo, com o nome de centros e outras tantas da macumba. Toda essa engrenagem perniciosa funcionando regularmente.

Tratai vossos negócios em outro lugar

Há dias o Dr. Costa Netto, delegado de Costumes, recebera denuncia contra o Centro Espírita Redemptor. Além de não se encontrar convenientemente legalizado, estava praticando o baixo espiritismo.

Ontem, inesperadamente, ali bateram o subchefe Norberto Ferreira dos Santos e vários inspetores da Delegacia de Costumes, Avenida Angélica, 229. Na porta, o letreiro em caracteres gordos. O subchefe e os inspetores foram entrando. Duas mulheres estavam sentadas a uma mesa e, em volta, vários homens. Um deles com o fardamento de motorneiro da Light. E um preto de uns trinta anos magro e de olhar cismarento. Junto dele outro preto. Esse, mais forte e de olhar mais enérgico. Os cabelos encarapinhados, ele os tornara lisos e lustrosos como arame passado no azeite. Deve ser uma criatura vaidosa, pois a roupa de brim pardo estava bem engomada e limpa. As mulheres de meia idade eram coradas e nutridas. Uma devia ser a médium, pois estava mergulhada em certa pasmaceira, como se fosse entrar em transe. Foi isso o que a perdeu; a companheira, vendo que os visitantes "cheiravam" a policiais, escorregou pela cadeira e desapareceu por uma porta. Meia dúzia de personagens que ainda se encontravam na sala, ficou na expectativa.

A autoridade passou a olhar pelas paredes. Dois quadros de papelão de três palmos de largo por dois de altura recomendavam silencio. "É expressamente proibido conversar e fumar neste recinto. A Diretoria" – rezava o primeiro quadro. "É expressamente vedada a conversação e o fumo nessa sala. Tratai vossos negócios em outro lugar" – dizia o segundo.

Sem levar em conta o aviso o subchefe Norberto tratou de tratar dos negócios que o haviam levado ali. No centro da mesa, estava um amontoado de receitas em papel de jornal marca d'água escritas a lápis. Em uma prateleira próxima, garrafas e frascos com remédios inspirados pelos espíritos.

Sou eu o presidente, "seu doutor"!

Havia de estar ali qualquer responsável pelo centro espírita. O subchefe falou:

– Quem é o chefe aqui?

O motorneiro levantou-se com seus agaloados enegrecidos pelo tempo e pelo azinhavre.

– Sou eu o presidente, "seu" doutor!

Falando assim, tinha um risinho humilde nos lábios brancos de medo.

– Onde está o registro para poder funcionar este centro?

– Está com o Plácido, "seu" doutor.

E apontou para o preto de roupa de brim, o carapinha esticada como arame.

Plácido, aliás Plácido Jesus dos Santos, seu criado! Mostrou um documento que declarava o Centro Espírita Redemptor estar registrado na Federação Espírita Brasileira, situada à Rua João Briccola, número 2.

– Este documento não serve para a polícia – declarou o subchefe. Quero ver o registro passado pela delegacia.

– Ah! Isso não tenho! Somente tratamos dos estatutos no civil, com o Dr. Cyro Costa.

– Então o seu centro espírita está ilegal. Mesmo já estou vendo por estas receitas e estas garrafadas, que ele está fugindo a uma orientação espiritual pura, para entrar no terreno da macumba.

– Aonde, "seu" doutor? – perguntou Plácido, espantado.

– É a verdade meu amigo. E vocês todos, juntamente com as drogas e os papéis, tem de me acompanhar ao gabinete.

O receituário do Centro Espírita

A dois de fundo, marchou toda aquela gente para o violão da polícia. Menos um cliente que mal podia andar e fora ali para se "curar" de um pesado reumatismo.

Chegando ao Gabinete, a turma subiu para a Delegacia de Costumes. A médium, já refeita das sonolências do transe, saracoteava de um lado para o outro.

– Que coisa! Prende a gente por uma coisa tão inocente. Será que deixarão a eu levar o meu livrinho de orações?

– Tudo a senhora levará quando for embora – disse o inspetor.

Mas a mulher não se conformava com a prisão. Andava de um lado para o outro e dava muchochos.

– Avalie que vergonha. Eu sou tão conhecida na Avenida Angélica!

Mas o inspetor começou a tomar os nomes e todos ficaram em silencio respondendo de acordo com a chamada.

– Pedro Maranhão, presidente!

– Plácido Jesus dos Santos, tesoureiro!

– Fausta da Silva, médium e zeladora! – gritou a mulher com voz fina.

E os outros, consulentes, também disseram os nomes, por sua vez: José de Almeida, Natalino Pires, José Marcellino Freitas, Annibal Borges de Andrada, José Motta da Silva, Dario dos Santos e Luiz Ferreira dos Santos.

O subchefe começou a remexer a papelada. Encontrou um livro de talões para cobrança da mensalidade. Depois, vieram os tais papéis de jornal, escritos a lápis. Eram os pedidos de receita e as respectivas respostas.

O primeiro que o Sr. Norberto leu, dizia: "Irmã Fausta pede um remédio para sua filha que tem umas espinhas no nariz". Logo em baixo, vinha a receita da médium: "Lavar com malva". O subchefe pegou outro papel. Rezava ele: "Irmã Magnólia pede ao bom irmão examinar o seu companheiro que hoje passou muito mal. Deus vos pague". Na outra banda do papel encontrava-se a receita: "Erva doce, geuro e losna. Atílio! Um terceiro papelucho dizia: "Irmã Maria Germana vos pede dar um remédio para ter leite. Deus vos pague". E logo a receita, desta vez ameaçadora: "Um purgante. Rosa Maria".

Drogas alcoólicas

O subchefe examinou o liquido das garrafas. Em muitas delas havia substancias de raízes, folhas e quinas misturadas com álcool.

– Como é que vocês andam receitando álcool, quando o espiritismo combate o alcoolismo? – perguntou o Sr. Norberto.

– Essas garrafas não pertencem ao centro, "seu" doutor. Foram dadas de presente a Dona Fausta por uma amiga. Ela ia levar tudo para o quarto.

– Está certo – disse o subchefe. Vamos averiguar isso amanhã.

– Então, boa noite – disseram os espíritas do Centro Redemptor dando mostras de desejarem se retirar.

– Não, os senhores e Dona Fausta vão tirar o retrato e dormirão hoje no Gabinete como hóspedes.

Foi um "deus nos acuda". Ninguém queria tirar retrato e muito menos dormir no Gabinete.

– É uma vergonha eu tirar retrato: sou muito conhecida na Avenida Angélica! – exclamava Fausta.

Sentou-se na cadeira entre o presidente do centro e o tesoureiro, mas não tirou o lenço da cara para evitar que sua fisionomia aparecesse ilustrando um caso que tem plena certeza de não ser dos mais honestos.

APROXIMANDO A POLÍCIA, O ESPÍRITO FALOU: CUIDADO, TEM BOI NA LINHA!

Correio de São Paulo, **n. 750, 13 de novembro de 1934**

A Delegacia de Costumes iniciou com pé direito sua nova

campanha contra os macumbeiros e o baixo espiritismo. Ainda ontem alguém foi dizer ao Dr. Costa Netto.

“Em Guaiuna, na Penha, funciona o Centro Bom Jesus da Caridade, onde se pratica macumba da braba”.

O Delegado de Costumes chamou em particular o seu auxiliar, subchefe Norberto, e disse-lhe por sua vez:

– Cerque o Centro Bom Jesus e traga até aqui esses macumbeiros.

Acompanhado de vários inspetores, o subchefe saiu pela noite afora, sorvendo no ar os odores da pólvora, fumo, pinga, ervas – toda uma farmácia especializada para os ritos de Santo Onofre.

Vila Macedo Soares, 7 – eis a sede do Centro Bom Jesus. Um inspetor olhou por uma fresta da porta de entrada e, na semiescuridão da sala, apenas iluminada por uma vela quase extinta, viu ajoelhados no chão, vários homens e uma mulher. Pareciam orar em torno de um desenho cabalístico feito a giz. O subchefe também pôs o olho na fresta e friccionou as mãos de contente:

– Chegamos mesmo na horinha!

Ouviram-se três batidas na porta, fortes e compassadas. Lá dentro houve um reboliço dos demônios. Há um tempo, os

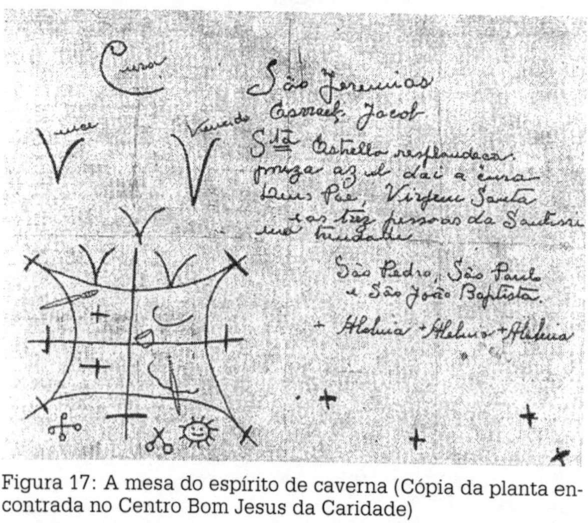

Figura 17: A mesa do espírito de caverna (Cópia da planta encontrada no Centro Bom Jesus da Caridade)

policiais forçaram a porta, que cedeu. Lâmpadas elétricas iluminaram a sala. Os macumbeiros pararam. Fugiram, cada um levando elementos da macumba.

Um muito forte, carapinha imensa, deitada para trás, como torcida por um furacão, procurava sair pela porta dos fundos, carregando como uma tigela cheia de um liquido escuro. A mulher, gorda, morena escura, entrava no quarto e tinha nas mãos dois punhais. Um bugre caminhava para a cozinha levando três longos rosários, os crucifixos arrastando no chão. Ia-lhe ao encalço um homem branco, baixo e magro, de bigodes tão desenvolvidos que se viam as pontas pelas costas. Comprimia sob os braços rolos de fumo e maços de ervas.

– Todos para o centro da sala! – gritou o subchefe.

E todos voltaram cabisbaixos, deixando no chão, punhais, rosários e folhas de fumo.

Naquela louca corrida, apenas um homem não havia tomado parte: um preto que não se afastara da cadeira onde se encontrava sentado. Sem duvida, por medo – pois as pernas tremiam-lhe.

Reconstituindo a sessão

Mas o subchefe teve a sua atenção voltada para os traços cabalísticos que havia no chão. Um quadrado de pontas alongadas e cortadas em cruz. Fora, um sol, uma tesoura, uma cruz com pequenos círculos nas extremidades. No outro lado do desenho três "v" e mais acima outros dois com as palavras: vence, vencido. Ainda mais acima, um grande "C", iniciando a palavra "Cura", completada em letras menores.

Nos dois quadrados do lado esquerdo do desenho, estavam pintadas duas cruzes, e do lado direito duas meia luas. Ao lado da palavra "vencido", iniciava-se uma reza escrita também a giz. Dizia:

"São Jeremias, Essarael, Jacob, Santa Estrela resplandeça, pureza azul daí a cura Deus Pai, Virgem Santa e as três pessoas da Santíssima Trindade. São Pedro, São Paulo e São João Batista. Aleluia. Aleluia. Aleluia".

Diante de cada aleluia uma pequena cruz e um pouco abaixo, outras quatro maiores.

O subchefe perguntou quem era o chefe do centro. Apresentou-se o mulato.

– Sou eu, Antônio dos Santos.

– E que querem dizer esses traços no chão?

– Isso aí é com a nossa médium, apontando para a moça gorda.

Ela respondeu logo:

– É a mesa do Pai da Caverna "seu" doutor.

E para explicar a questão:

– Há espíritos de duas qualidades: os espíritos de cavernas, os dos antigos escravos, que servem para a cura das doenças – e os espíritos planetas, que são somente para aconselhar. Estes, "baixam" em mesa comum e os outros somente no chão.

– Então a senhora me prepare a cena, como se o espírito de caverna fosse "baixar" agora – falou o subchefe.

A mulher ficou meio constrangida como se lhe pedissem que cometesse um sacrilégio. O mulato rosnou:

– Faz, Maria. Não há nada de mal.

A macumbeira fincou os punhais dentro do desenho, por cima das cruzes, e no centro a tigela cheia de pinga, escura das essências das ervas, e onde havia pequenas imagens de Santo Antônio e Santo Onofre, rosários, bentinhos, pedra hume, ervas e peles do fumo do desenho.

– Agora é só começar.

– E como se começa?

– Rezando Pai Nosso e Ave Maria. Quando o senhor chegou, o espírito da caverna tinha ido embora naquele instantinho.

– E como não avisou que eu me achava por perto?

A mulher sorriu vitoriosa:

– Como não avisou? Quando a polícia ia chegar, ele falou pela minha boca: "Cuidado que tem boi na linha!"

A autoridade achou graça.

– Não se admire que o espírito de caverna tenha esse jeito de falar, "seu" doutor: ele é espírito de escravo e tem linguagem de gente pequena.

– E de quem é esse espírito?

– De uma Preta Velha escrava de nome Rufina. Espírito

sem muita luz, mas bom, creia, "seu" doutor!

O subchefe deu por terminada a exposição.

– Bem, agora vamos todos ao Gabinete!

Figura 18: Antônio dos Santos e os materiais ritualísticos.

O carro de presos já se encontrava diante do Centro Bom Jesus da Caridade. Todos os personagens da macumba e seus apetrechos passaram para o carro, que roncou pela estrada, em demanda ao casarão da Rua dos Gusmões.

Que desgraça: vou perder meu emprego

Desembarcados no Gabinete, os macumbeiros foram apresentados ao Dr. Costa Netto. O Delegado de Costumes ordenou que lhes tomasse os nomes.

Foi então que se soube o nome do preto que permanecera sentado na cadeira, à entrada da policia no Centro Bom Jesus da Caridade.

Figura 19: Maria, a médium

Ao dizer seu nome, o preto chorava:

– Neusario Alves Silva. Sou ensacador do Departamento de Café, em Santos. Antes eu tivesse morrido ontem! Que vergonheira para um homem como eu que nunca conheci prisão!

– E o que fazia você lá, entre essa gente, homem de Deus?

– Vim de Santos, catequizado por um homem que frequenta esse centro. Ele me disse que ali eu encontraria cura para minha mulher que está sofrendo de um mal estranho que não há médico que cura.

– E que mal é esse?

– Sei lá "seu" doutor! Uma história que só dá para crescer a barriga. Só se vendo como a barriga de minha mulher incha e desincha!

– E você veio de Santos só para isso?

– É então "seu" doutor! Tratava-se da cura de minha mulher! Pedi até dinheiro emprestado!

E terminou em um choro silencioso, apertando os olhos com os dedos.

Os outros "enfermos"

Os outros enfermos, que foram buscar do espírito de caverna da Preta Velha Rufina e por intermédio de Maria, cura para seus males, disseram chamar-se:

– Caetano dos Santos. Fui lá buscar um remédio para o reumatismo que me ataca que é um horror!

– José de Oliveira. Tenho uma ferida na perna que não há jeito de sarar!

– Braz La Femina – disse o homem dos grossos bigodes, meio malcriado. – Tenho reumatismo no braço e estava fazendo umas fricções.

– E melhorou?

– Se foi do remédio ou a fé, eu não sei. O fato é que estou meio melhorzinho.

– João Honório – respondeu o último. – Fraqueza no sangue, cansaço, mandinga, sei lá o que me ataca.

– E o remédio?

– Beber suco de ervas que Rufina receita.

– E o pagamento?

– Não exigem. Cada um dá o que quiser!

Oração do alto do pé da ponte

Alguém que começou a remexer nos apetrechos da macumba achou dois papéis importantes. O primeiro é a planta da mesa do espírito de caverna, tal qual estava reproduzida no Centro Bom Jesus da Caridade. O segundo papel continha uma reza meio apagada, escrita em péssimo português e sem pontuação alguma. Maria, a médium, nos ajudou a traduzi-la:

No alto do pé da ponte estava o Senhor deitado às donzelas.

De fronte os espinhos coroando veio a Senhora passando que via tão grande alegria.

Duzentos brados que deu e outros tantos que daria não houve homem nem mulheres que estes brados acudissem. Acudiu Maria Madalena.

Maria Deus te salve a alma tu viste por aqui passar o bom Jesus de Nazaré que por aqui parou a noite ante do galo cantar.

Ele como era Jesus de Nazaré pôs uma cruz nas costas, uma corda no pescoço para mais penas nos dar.

Quem essa oração rezar todos os dias continuados de má morte não morrerá as penas do inferno, não verá, a porta do Céu é aberta porque Deus é grande para quem quiser mostrar a mercê.

CORAÇÃO DE MÁRMORE É AQUELE QUE ESQUECE O AMOR QUERIDO

Correio de São Paulo, **n. 766, 01 de dezembro de 1934**

A macumba é um rito cheio de misticismo dos mais estranhos matizes, cheio de independências as mais singulares. A macumba não se rege por dogmas absolutos, mas é a mistura de símbolos cristãos, do Espiritismo, de cenas de Xangô[37] e de outras religiões primitivas. Vive na desorganização das coisas que não se orientam por rígidas disciplinas. Por isso mesmo as cenas de macumba são quase todas elas um aspecto singular, uma feição nova. Sob a grande sombra cristã, a absorvente influência cristã – adorando suas imagens, rezando aos seus santos e imitando certas cenas do rito católico – a macumba se desenvolve com o concurso de outros credos e abusões.

O Espiritismo é de influência formidável. A sua teoria de contato direto com o "outro mundo", com os espíritos que

37 Religião afro-brasileira do Nordeste.

podem influir materialmente na vida dos homens, – serve de modo admirável às inteligências de pés descalços, pouco cultas, que se agrupam em torno da areia da praia e de cemitérios, de peles de fumo, de punhais, molhos de cabelo, bentinhos e imagens de Santo Onofre. Da mesma forma como a pura essência do cristianismo é rudemente desvirtuada nas sessões da macumba – assim o Espiritismo.

Na campanha que se vem movendo contra os macumbeiros, causadores não poucas vezes de loucuras, de enfermidades, dos crimes mais terríveis – vamos encontrar em cada centro que se fecha um traço novo de suas praticas curiosas.

Ontem, duas batidas movimentadas realizou a Delegacia de Costumes ao Centro Espírita de Amor, Graças e Esperanças e ao Centro do Pai de Santo.

Centro Espírita de Amor, Graças e Esperança

O Delegado Dr. Costa Netto chamou o subchefe Norberto e lhe disse:

– Vamos fechar novembro com chave de ouro. Na Rua Matheus Grou está situado o Centro Espírita de Amor, Graças e Esperança, e na Rua Tambaú, no Sumaré, fica o Centro do Pai de Santo.

O Delegado de Costumes não precisou acrescentar mais nada. O subchefe Norberto chamou os inspetores Heitor Paixão, Francisco Laino e João Persenotti Junior. Partiram para a Rua Matheus Grou. Era o número 60 onde se lia dístico espírita. Dentro havia um rumor de rezas. Os policiais bateram à porta. Quase instantaneamente a casa ficou mergulhada em trevas. Os inspetores forçaram a porta e penetraram no centro. Tudo escuro. Acenderam fósforos e logo divisaram uma mulher gorda que se achava no meio da sala.

– Podem entrar. Desculpem a escuridão. É porque a instalação elétrica se queimou.

O inspetor Paixão encaminhou-se para o relógio registrador e ligou a chave: a sala se iluminou como por encanto. Chamou imediatamente a atenção dos policiais uma mesa cheia de velas e mais cinco garrafões com água para benzer, uma garrafa de álcool canforado, um embrulho aberto de areia da praia, um frasco com espinhos de cuandu[38], punhais, tranças amarradas com fitas azuis e vermelhas, bentinhos e saquinhos com moedas. Também as imagens de São Benedito e Santo Onofre. Nos cantos da sala estavam uma mulher e cinco homens. A autoridade perguntou à mulher gorda o seu nome.

– Sou Anna Maria da Conceição, a médium do centro.

– Centro Espírita é o que a senhora chama isto?

– Com alguma variante "seu" doutor. O Espiritismo tem muitos modos de se exercer.

O inspetor Paixão pegou em cima da mesa um coração feito de mármore escrito a lápis. As palavras estavam dispostas em círculo e em uma caligrafia embaraçada.

– Que é isso, minha senhora?

– Voto para enternecer o coração duro de um homem. Não é nada demais.

O inspetor leu: "Coração de mármore é aquele que esquece o amor querido".

Oração de Nossa Senhora da Guia

Na mesa havia também em papel escrito a tinta e rezava no alto: Oração de Nossa Senhora da Guia.

Deus adiante a sua Divina paz e misericórdia na minha Guia.

Eu, Sebastiana me recomendo a Deus e à Virgem Maria.

Tomo a Virgem Maria por minha defensora.

Os doze apóstolos por meus irmãos.

As doze mil virgens por minhas filhas e irmãs.

Hoje, neste dia andarei vestida com as armas do Bem Aventurado São José.

Meu coração não será preso nem meu sangue derramado.

Meus inimigos terão olhos e não me verão.

Terão mãos e não me pegarão.

Terão pés atrás de mim e não me pegarão.

As injustiças dos homens não me ofenderão.

Os espíritos visíveis e invisíveis não me perseguirão e nem me tentarão, pois a misericórdia Divina de Nosso Senhor Jesus Cristo de tudo me livrará, guardará e defenderá.

38 Ouriço cacheiro.

Hoje, neste dia onde eu Sebastiana estiver, andarei tão cheia de alegria assim como andou o Bom Jesus no ventre da Puríssima Virgem Maria.

Glória seja dada ao Pai, seja dada ao Filho e ao Espírito Santo.

Assim como era no principio seja agora e sempre por todos os séculos e séculos.

Amém.

A médium declarou que esta reza é "forte" e qualquer pessoa nela colocando o seu nome em vez do de Sebastiana, nada poderá temer.

O subchefe Norberto ordenou que tudo fosse removido para o carro policial que se encontrava à porta do Centro Espírita. Também entraram no carro a médium e todos que se encontravam na macumba.

Centro do Pai de Santo

A caravana partiu em disparada para o Sumaré. Chegou no Centro do Pai de Santo na hora em que ali se realizava uma "cura" sensacional. No centro de uma mesa cercada de velas e todos os utensílios da macumba, encontrava-se uma criança de quatro meses que estava sendo curada de "bucho virado".

Figura 20: Anna Maria da Conceição, cercada dos comparsas, com o material da macumba

Figura 21: O coração de mármore

Rezas as mais estranhas foram apreendidas juntamente com os apetrechos dos macumbeiros.

A batida ao Centro Pai de Santo merecerá em nossa próxima edição uma reportagem mais minuciosa.

QUE ESPÍRITO MAU ENTROU AQUI?

Correio de São Paulo, **n. 767, 03 de dezembro de 1934**

Na Rua Tambaú, no Sumaré, ficava o Centro do Pai de Santo. Depois de fechar o Centro Espírita Amor, Graças e Esperanças, a caravana policial zarpou para o Sumaré. Foi fácil ao subchefe Norberto cercar a macumba.

Funcionava em uma casa isolada e mergulhada na escuridão. De dentro vinham murmúrios de reza e um leve choro de criança. Um inspetor espiou a fresta da porta. Recuou assustado. Cochichou no ouvido subchefe:

– Aqui há crime, "seu" Norberto. Querem matar um menino novo em cima de uma mesa cheia de punhais e velas!

– Vamos arrombar a porta de um encontrão – disse o subchefe.

– Um, dois, três! E lá se foi a porta para dentro.

Duas mulheres e dois homens que se achavam em volta de uma mesa rústica, voltaram-se com assombro.

– Que espírito mau entrou aqui? – Exclamou uma matrona gorda que estava de mangas arregaçadas.

– Não é espírito mau, dona. – Falou um inspetor. – É a Delegacia de Costumes em peso que lhe vem fazer uma visita.

Ouvindo isso, a outra mulher retirou da mesa uma criancinha de 4 a 5 meses que chorava. A mesa estava cercada de velas, punhais, peles de fumo, água benta, areia de praia,

Figura 22: Dyonisia Cordeiro torcendo a boca para não ser reconhecida

ervas e imagens de santos.

– Que estava fazendo com essa criança?

– Nada de mal. A gente curava o menino de uma doença, – respondeu a mulher gorda.

– De que sofre a criança?

– De "bucho virado".

– Que doença é essa?

– Umas dores que dão nas crianças.

O subchefe balançou a cabeça.

– O Senhor não acredita? – Atalhou a mulher. – Pois saiba que não é o primeiro que curamos.

– E quantos já mataram? – Perguntou o inspetor.

A matrona fechou a cara, de raiva. A outra disse:

– Deixa eles dizerem heresia, Dyonisia. Tempo virá que acreditarão.

– Talvez. Falou o subchefe. – Agora enquanto não acreditamos, iremos remover tudo para o Gabinete.

As mulheres se assanharam. Queriam fazer força.

– Que temos nós com a polícia? Não praticamos crime nenhum!

– Fiquem quietas, senão a coisa é pior.

Os dois homens ajudaram a remover os santos, as velas e

todo o material da macumba para a "jardineira" policial. Uma quantidade enorme de votos, receitas, rezas e "falas" dos espíritos, foi colocada em uma caixa cuidadosamente.

"O TEMPO VIRÁ FLORIDO" – DISSE O ESPÍRITO DE HERMES DA FONSECA

***Correio de São Paulo*, n. 768, 04 de dezembro de 1934**

A Delegacia de Costumes vai organizar um pequeno museu com os documentos e objetos de feitiçaria apreendidos nas macumbas

Com as últimas batidas da polícia nos centros onde se pratica a macumba e o baixo espiritismo, tem sido transportado para o Gabinete de Investigações um material interessante e precioso para os estudiosos do assunto. Por isso mesmo, o Dr. Costa Netto, Delegado de Costumes e a quem está afeta a campanha saneadora, teve a lembrança de criar na sua delegacia um mostruário, um pequeno museu, onde serão guardados todos os santos, documentos e os objetos de feitiço. Somente aplausos merece a ideia do Dr. Costa Netto, quando se sabe que nos centros mais adiantados do mundo, sobretudo nos meios universitários, essa manifestação de religião repleta do subconsciente das massas incultas vem sendo recolhidas e estudadas com muito interesse.

Ainda ontem, visitamos a sala da Delegacia de Costumes onde se encontra, provisoriamente, todo o material apreendido aos macumbeiros. É uma documentação importante, apesar de iniciada há tão pouco tempo. Desde imagens de Nosso Senhor até tranças de cabelo e rabo de tatu. Santa Terezinha está tão arrochada em um embrulho de pano em que a envolveram que, coitadinha, parece morrer sufocada. A documentação escrita é luminosa.

Palavras de Hermes da Fonseca e Campos Salles

Tomadas por termo, em papel de Deve e Haver, várias sentenças de espíritos ilustres que baixaram durante as sessões. O espírito do Marechal Hermes da Fonseca, ex-presidente da Republica, desceu em uma das sessões e declarou: – "O tempo virá florido, ainda em todo Brasil grande há esperança. Mal é doença enquanto existir tiro. Ala barco, Deus é grande para defender". O espírito ilustre de Campos Salles apareceu também em um dos livros da macumba, como tendo feito um pedido que não podemos entender a significação. Diz o livro: Campos Salles (ditado). Para mais pedir a Deus para que ele não caia no alabolismo.

Outros pedidos e sentenças

O espírito de Sebastiana Souza Leitão fez uma solicitação que deixaram escrita no livro: – "Pediu para Dona Maricota perdoar ela porque quem faz todas as perturbações e quenturas de cabeça é ela".

O espírito de Maria Andréa declarou: – "Coloca um laço de fita branca na vela em benefício de sinhô".

A um penitente, recomendava o espírito de Francisca Pereira: – "Hora marcada pelo relógio 9:50h. não deve deixar sem não continuar a penitência com três é suficiente para que não decaia; é certa aliança a favor de nós. Se não for feita é bem fácil que decaia".

Um terno para o irmão Sebastião

Um espírito caridoso tão humilde que não quis deixar o nome por extenso, baixou na sessão e falou da seguinte forma: – Todos os filhos aqui sem tostão tem no fim do mês trazer aqui seus tostões que é para ser comprado o terno para o irmão Sebastião Américo". A assinatura é: "Pedro espírito".

Oração de Nosso Senhor Jesus Cristo

No meio das numerosas orações que serão arquivadas, encontram-se a Oração de Nosso Senhor Jesus Cisto, que vamos transcrever na íntegra:

Jesus, juiz de Nazaré, filho da Virgem Maria, que em Belém foste nascido entre a idolatria, eu vos peço Senhor pelo vosso sexto dia que meu corpo não seja preso nem ferido, nem morto, nem nas mãos da justiça envolto: Pax tecum, pax tecum, pax tecum[39]. Cristo assim o disse a seus discípulos se os meus inimigos vierem prender--me terão olhos e não me verão, terão ouvidos e não me ouvirão, terão boca e não me falarão; com as armas de São Jorge serei armado, com a espada de Abraão serei coberto, com o alento do leite da Virgem Maria serei borrifado, com o sangue do meu Senhor Jesus Cristo serei batizado, na arca de Noé serei agasalhado e com as chaves de São Pedro serei fechado aonde não me possam ver, nem ferir, nem matar, nem sangue do meu corpo derramar, também vos peço Senhor, por aquelas três hóstias consagradas que consagrastes ao terceiro dia, desde as portas de Jerusalém, que com prazer e alegria eu seja também guardado noite e dia assim como andou Jesus Cristo no ventre da Virgem Maria nove meses e alguns dias. Deus me guie e me acompanhe e à sempre Virgem Maria desde a Casa Santa de Belém até Jerusalém. Deus é meu Pai, a Virgem Maria minha mãe, com as armas de São Jorge serei armado, com a espada de São Tiago serei guardado para sempre.

Figura 23: Mostruário de materiais da macumba da Delegacia de Costumes

PÉS ENTRANÇADOS. NÃO CAMINHAREIS SENÃO BEM JUNTINHOS PELA VIDA

Correio de São Paulo, **n. 782, 20 de dezembro de 1934**

Em uma macumba situada nas proximidades do Parque Jabaquara o dia de ontem foi de festa. Comemorou-se a vitória da macumba na realização de um casamento encrencado. Jovino e Angélica, dois jovens sob a influência de um amor violento, sofriam oposição das respectivas famílias. Alguém

39 A paz esteja contigo.

alcoviteiro desse amor vulcânico, industriou os jovens namorados. "Que fossem a macumba, que procurassem um Pai de Santo e... quem sabe? Já se tem visto tanta coisa atestando o poder da macumba".

Jovino foi só: Angélica não pode acompanha-lo. E a médium declarou depois de ter ficado dez minutos transe:

– Traga aqui o molde do sapato do menino. Traga que eu quero juntar com o seu.

Jovino sabia com o coração aos pulos. Angélica ficou trêmula de satisfação e de medo ao ouvir a declaração do namorado.

– E será que isso não será arte do diabo, Jovininho? Não será pecado?

Jovino riu.

– Que diabo e que pecado, bobinha: a mesa da macumba estava cheia de santos.

Angélica deu o molde do sapato traçado em vermelho em um papel de jornal. Jovino levou-o a macumba, no bolso de dentro do paletó, bem juntinho do coração.

– Ponha seu pé também aqui – disse a feiticeira.

E também em vermelho traçou o molde do sapato de Angélica. Depois dobrou cuidadosamente e pregou o papel com alfinetes em grupos de quatro. Por cima, escreveu em outro papel: "Amarrados, pregados de alfinetes como se fossem os cravos da Santa Cruz, pés entrelaçados, não caminhareis senão juntinhos pela vida".

– Vá em paz irmão – Declarou a feiticeira. – Leve esta reza para você e para ela.

E escreveu em um papel de embrulho: "Sete banhos; para antes do banho, um Pai Nosso e dizer Deus quer, Deus pode e eu também quero que tudo se retire de mim e seja em meu favor. Palhas de alho, alecrim, arruda, guiné e incenso".

Para o Correio de São Paulo que não acredita

Passou um mês, entraram os meses; passou-se um ano. Os pés entrelaçados no papel, pregados de alfinetes, sofriam a influência poderosa dos espíritos da macumba. Jovino ia sempre saber como estava o feitiço.

– Tudo vai bem – dizia a macumbeira. – Seu pai e o pai da moça estão afrouxando o laço. Redobre os banhos e as rezas. Bote bem alho e incenso.

E o jovem mais a namorada entravam no banho e na reza de rijo. E o resultado veio agora. Licença dos pais para casarem. Foi uma festa na macumba que recebeu dos noivos três dúzias de velas como reconhecimento. Houve sessão solene ontem na macumba e um "crente" veio trazer ao redator do Correio de São Paulo o molde do feitiço.

– Isso é para o senhor que não acredita. Ninguém dizia que esse casamento se realizasse porque estava tão obscuro como o de Romeu e Julieta.

E ao nosso ouvido:

– Eu fui o alcoviteiro do amor de Jovino e Angélica. Eles aí estão casados desde sábado. Se o senhor estiver na mesma situação deles, tire o molde do seu pé e o de sua pequena: entrance como está nesse molde e vá procurar a gente que nós fazemos a coisa.

NADA PODE CONTRA O FANTASMA DA MACUMBA; NEM O GRANDE AMOR DE UMA ESPOSA

Correio de São Paulo, **n. 959, 23 de julho de 1935**

O leitor não acredita em macumba, em feitiçarias, em magia negra, essa coisa terrível que pode mais que o próprio "Nosso Sinhô", e para cuja extinção não adianta nem a própria Lei de Segurança?

Nem nós...

Mas o fato é quando em vez a coisa dá certo... Não se sabe como, se por maquinações do capeta ou por coincidência, ou por sabe-se lá que artes. Mas dá.

Aqui vai mais uma história, dessas histórias incríveis, que nem o gênio imaginoso do mestre Hoffman seria capaz de conceber. Não se passou em São Paulo. Os leitores deem ter reparado que todas as coisas incríveis sempre passam longe de nós...

É sorte.

O presente caso se passou em Lins e teve epilogo em Curitiba. É uma história horripilante, forte, cuja leitura não aconselhamos a quem tenha a desventura de possuir um coração fraco.

Menina e moça

Como a heroína de Bernardim Ribeiro, a nossa era, além que menina e aquém da mulher.

Estava nessa idade em que a falange da imaginação provoca amores violentos. Foi o que aconteceu à Rosa, ou talvez melhor, ao botão.

Rosa amou João.

Casados, a ânsia de ganhar dinheiro os levou para Lins.

Ali, a fortuna lhes sorriu alvissareira. Em pouco, João amealhava para mais de cem contos.

Viviam felizes, muito dedicados um ao outro.

Vieram filhos. E a felicidade dominava o lar.

Uma judia e uma surra valente

A vida para o casal corria assim feliz.

Mas um dia, uma nuvem surgiu a toldar o céu daquele pequeno paraíso. Foi a presença de uma judia bonita e fascinadora que se intrometeu na existência do casal.

Enamorou-se do rapaz e deliberou conquista-lo, roubando-o ao carinho da esposa.

Esta descobriu os esforços que a concorrente fazia e reagiu energicamente, disposta a tudo.

Dessa energia foi prova a surra que a jovem deu na rival.

Se o *fueber* soubesse... Não seria somente uma surra.

Uma praga terrível

Depois de apanhar da consorte rebelada contra a tentativa de furto do marido – a judia rogou tremenda praga à esposa de João:

"Havia de ficar paralitica e perdida para sempre".

E o certo é que 15 dias depois desse esconjuro, a desgraça bateu a porta daquele lar risonho e ditoso.

Rosa ficou paralitica de um lado. Perdeu a fala. E passou a coaxar como um sapo!

O marido desesperado busca remédios por toda a parte.

Trouxe-a para São Paulo. Consulta médicos. Vai atrás da ciência. E cada vez mais se agrava o estado de saúde da inditosa moça!

Nesse trabalho e nessa aflição em busca da cura da consorte, começaram a se escoar os recursos do moço.

Os negócios desandaram e ele foi desanimando.

Rosa partira cheia de vida e saúde. E retornava desgraçada e abatida, magra e sofredora, fraca e desvairada!

Submetida a tratamentos clínicos, estes foram impotentes para a restauração daquele organismo outrora forte.

Já não lhe cantava mais no coração o vigor exuberante da mocidade.

Está alquebrada e doente, abatida e definhante!

João, por sua vez, apesar da ventura dos anos, também se ressentia do infortúnio que desabara em sua vida.

E indo para Curitiba, pobre, desalentado, aos 30 anos parecia um velho de 50!

Diagnóstico de benzedores

Cansados e desiludidos de encontrar solução na ciência oficial, os pais de Rosa recorreram a benzedores de Tamandaré, celebres pelos seus trabalhos de desmanchar artimanhas de feiticeiros.

Examinaram a infortunada moça e estabeleceram um prognóstico sombrio! Estaria perdida, porque os efeitos dos trabalhos da magia negra estavam muito adiantados. A moça sofrera maus fluidos e das maquinações da mandinga.

Uma descoberta macabra: um sapo de boca costurada, dentro de um colchão!

Tempos depois, Rosa se transporta para lar paterno, levando consigo os móveis de sua casa em Lins.

E revistando-os cuidadosamente, foram os seus pais encontrar, dentro de um colchão, um "despacho" macabro: um sapo vivo, com a boca costurada. E em um estado de magreza terrível!

Apanhado o pobre animal, instrumento dessa trama apavorante, foi ele jogado no rio Juvevé, em cujo arrabalde ocorreu parte do drama que narramos.

Esse achado singular e repelente veio comprovar a intervenção da magia negra na vida de João e Rosa.

Foi naturalmente a judia que delineou o plano que algum feiticeiro de Lins ou de outro lugar executou, conseguindo destruir a felicidade daquele jovem casal.

Segundo o diagnóstico dos benzedores, a moça não tinha mais cura, porque os malefícios da magia estavam muito adiantados. E explicando o desenvolvimento da ação dessas artimanhas diabólicas, esclareciam que quem for alvo delas sofrerá enquanto o sapo tiver vida.

Rosa viveu um ano de torturas, em um estado de semiconsciência, definhando dia a dia.

Não houve desvelo doméstico e científico capaz de deter a marcha dessa decadência. Rosa morreu há poucos dias.

A macumba deu certo...

MACUMBEIROS!

Correio de São Paulo, n. 821, 06 de fevereiro de 1935

Luigi Spadoni é um indivíduo bastante conhecido da polícia, pois que o seu nome já esteve envolvido em uma porção de casos escabrosos.

Seu prontuário no Gabinete de Investigações é bastante volumoso.

Há tempos, a Delegacia de Costumes mandou fechar o Tribunal Espírita da Justiça Divina Universal, à Rua da Consolação, 177, da qual Spadoni era presidente. Praticava-se naquele local, pelo que ficou apurado o baixo espiritismo.

Em vista disso, qualquer pessoa de bom senso, compreenderia logo que, se os macumbeiros, teriam de "trabalhar" às escondidas, não só do publico, como principalmente da policia que lhes tinha fechado a essa.

Não compreenderam assim, porém, os tais.

Continuaram trabalhando e, ou em um gesto acintoso ou por ignorância, enviaram à Delegacia de Costumes, um convite para uma sessão que se realizaria ontem às vinte horas. O convite era feito em nome do Tribunal, mas assinado por: Luigi Spadoni, Ministro Geral da Primeira Jurisdição e fundador da Conferencia Espírita Geral dos Estados Unidos do Brasil do Apóstolo Paulo. Impresso na margem do papel timbrado, em que foi feito o convite, lia-se entre outras coisas, que o Centro está garantido pelas autoridades constituídas do país.

Bastante educados e atenciosos, os inspetores da Delegacia de Costumes aceitaram o convite. Chegaram, porém, depois de começar a sessão. E como a achassem interessantíssima, não quiseram que o Dr. Costa Netto ficasse desconhecendo aquelas praticas. Requisitaram então o carro de presos e transportaram todas as pessoas que se encontravam na macumba, que eram mais de vinte, para o Gabinete. A turma do baixo espiritismo pelo seu elevado número assustou os guardas do xadrez do Gabinete, que julgaram ser aquilo uma quadrilha. Iam requisitar reforço para o policiamento, mas quando souberam tratar-se de macumbeiros, julgaram isso desnecessário, pois que está mais do que visto que eles quiserem, as portas do xadrez abrem-se como que por magia.

A sessão interrompida sem cerimonias pelos inspetores de policia recomeçou e continuou pela noite adentro no casarão da Rua dos Gusmões, presidida pelo Spadoni, o antigo *chauffeur* de praça.

XANGÔ! XANGÔ!

Correio de São Paulo, **n. 886, 26 de abril de 1935**

Rio, 25 – A polícia teve conhecimento de que, na Rua Guaxindiba, número 127, se realizava uma festa estranha.

A polícia foi àquele local para verificar do que se tratava.

Ali chegando, viu a caravana no meio da sala, uma grande roda de convivas. Estavam vestidos com uma indumentária exótica, semelhante à dos negros das regiões incultas da África ou à dos indígenas. Dançavam desordenadamente em torno de uma sangrenta cabeça de bode. Na boca dessa cabeça preso entre os dentes, enorme punhal.

À proporção que os convivas dançavam, ou sapateavam, entoavam cânticos ou preces.

Um velho vestido caracteristicamente fazia o papel de Padre Santo, orientando a função.

Os representantes da lei, inclusive os guardas civis, não se intimidaram diante aquelas cenas macabras. Sem perda de tempo, trataram de agarrar os festejadores do "Xangô", denominação que dão ao seu totem, e os conduziram à delegacia.

Na delegacia, o comissário soube que a dona da casa era Jupira. Declarou ela à autoridade que não se tratava de macumba, em absoluto, mas sim, de um modo especial de festejar São Jorge.

Em seguida Jupira fez uma oração a Xangô pedindo a maldição sobre a polícia.

Entre as armas apreendidas, a polícia encontrou uma velha espada em que se via gravado o nome do Imperador D. Pedro II.

UMA SESSÃO DE MACUMBA AO AR LIVRE

Correio Paulistano, **n. 24400, 08 de outubro de 1935**

Dois civis e dois soldados, em um matagal de Santana, praticavam baixo espiritismo

Ontem pela madrugada, dois empregados da Chácara Camargo no bairro de Santana, quando regressavam do trabalho, notaram que havia lago de anormal na mataria existente na chácara: conversas abafadas, luzes acesas, rezas a meia voz e, de quando em quando, rolos brancos de fumaça. Tudo isso fez com que os dois rapazes se sentissem amedrontados, com pouca coragem para averiguarem o porquê do estranho caso.

Como um deles se achasse armado de revólver, resolveram os dois homens averiguarem de perto o que de fato havia. Chegados ao local, viram que dois civis e dois soldados realizavam ali uma macumba.

Enquanto os soldados assistiam aos passes e repetiam as palavras misteriosas e cabalísticas dos dois macumbeiros estes, empregando a maior solenidade às suas palavras e gestos, lidavam com velas, santos, alfinetes, pólvora, cabelos, palha de aço e outros objetos por eles utilizados.

Enfronhados do que se estava passando, o empregado da chácara que se encontrava armado, sacando do seu revólver, fez alguns disparos para o ar fazendo com que o macumbeiro e demais assistentes fugissem.

Levado o fato ao conhecimento do delegado de plantão na Polícia Central, essa autoridade dirigiu-se ao local indicado apreendendo todo o material que encontraram, e o qual é usado pelos praticantes da magia negra.

Pelas investigações feitas no momento, o delegado soube que os referidos materiais pertenciam a Felinto de Araújo, residente à Rua Leite de Moraes, 18-A, e Malachias de tal.

Todo o material apreendido foi remetido a Delegacia de Costumes, sendo aberto inquérito.

NO REINO DA MACUMBA

***Correio Paulistano*, n. 24405, 12 de outubro de 1935**

Prisão de um contraventor

Foi preso ontem o indivíduo Antônio Barbosa da Silva, brasileiro, parado, com 50 anos de idade.

Antônio Barbosa da Silva, que não era ainda conhecido da polícia, entregava-se a pratica da macumba. Para além do Tucuruvi, onde residia, foi surpreendido pelos policiais quando em flagrante pratica de magia negra, assistido por diversas pessoas. Seguindo os rituais desse negócio rendoso, Antônio Barbosa da Silva, tomando atitudes impressionantes, queimava pólvora e fincava no chão alguns punhais, murmurando orações esquisitas.

Foi conduzido ao Gabinete de Investigações e entregue à Delegacia de Costumes, que o submeteu a interrogatório. Na casa do macumbeiro foram apreendidos diversos objetos usuais no reino da macumba.

A SESSÃO DE MACUMBA TINHA DEGENERADO EM DELÍRIO

Correio de São Paulo, **n. 1041, 28 de outubro de 1935**

Durvalino França e Manoel Jeremias são dois pretos temidos na Vila Guilherme, onde exercem a função de macumbeiros.

Residem eles em uma rua sem nome, cuja casa pertence à viúva Amélia de Castro Pereira, de 55 anos de idade, que tem domicilio ao lado.

Às duas horas de ontem, acompanhada de um seu filho, a viúva voltou para a sua residência, de uma visita que fora fazer a um parente morador no bairro da Liberdade.

Ainda na rua, Amélia notou que do quintal de seus inquilinos e vizinhos partia um barulho infernal.

Entrando em casa, foi encontrar seus filhos menores assustados com a verdadeira orgia que reinava no prédio ocupado pelos pretos feiticeiros.

Realmente, no quintal, entre grande número de pessoas, Durvalino e Manoel faziam uma sessão de macumba, que já havia degenerado em franco delírio.

Os assistentes, esvaziando garrafas de cachaça, queimavam pólvora, tocavam pandeiros, cantavam e dançavam ao redor de velas acesas, como possessos, em uma promiscuidade de homens e mulheres, brancos e pretos.

Revoltada, Amélia gritou a um de seus filhos que fosse chamar a polícia.

O pedido da viúva foi ouvido pelos assistentes, que trataram de se evadir, ganhando a rua em correrias, onde já se encontrava a dona da casa.

Um dos participantes da macumba, porém, ao passar junto à viúva, deu-lhe diversos socos no rosto, jogando-a por terra.

Amélia de Castro Pereira, então, vendo-se agredida e ferida, rumou para a cidade, comparecendo a Central de Policia, onde apresentou queixa do fato à autoridade de serviço, que mandou submete-la a exame de corpo de delito, instaurando inquérito a seguir, em torno da ocorrência, inquérito esse que terá andamento e conclusão pela Delegacia do 9o Distrito, com sede em Santana.

ESPÍRITAS E MACUMBEIROS

Correio de São Paulo, **n. 1108, 22 de janeiro de 1936**

A cidade alastra-se, come chão e sobe morro. São Paulo não possui favelas, mas seus bairros longínquos, seus subúrbios, seus cortiços abrigam mandingueiros, curandeiros ignorantes que se intitulam espíritas, "mensageiros do além", "invisíveis" e médiuns representantes autorizados na terra de Pai Jacob e um sem número de outros pais.

São os "centros espíritas", são as macumbas.

O diretor de um centro já foi juiz no tempo da inquisição, astrônomo na França de Luiz XV e autor do livro *A imitação do Cristo*.

Penetramos na sala, munidos do necessário cartão de ingresso. O pessoal vem chegando aos poucos, em silencio. Mocinhas anêmicas, criadas, rapazes assustados e magnos, professores, alfaiates. Não discutem assunto alheio à sessão. O diretor distribui fotografias a mil réis. São os "protetores" do centro. O doutrinador declara aberta a sessão, faz uma breve preleção sobre a sessão anterior e os fins da que se vai realizar e, após a reza espírita, "para afugentar os espíritos malditos", pede rigorosa concentração a todas.

– Se há alguém que veio aqui com a intenção de caçoar, que se retire, pois sua presença atrapalhará os trabalhos. De repente, um médium, que como os outros se conservara de olhos fechados e mãos ligadas para formar a corrente, estremeceu, pôs-se a fungar e ergueu-se em um arranco, atirando de longe a cadeira. Acabara de "receber" uma alma. O "aparelho" era bom, um dos melhores médiuns de São Paulo. Mas o espírito é que não estava para graças. Começou logo a xingar os presentes, dizendo que não precisava de presos, nem flores, nem nada.

– Quero aquela garrafa! Quero tomar um trago.

Em uma mesa próxima se encontrava uma garrafa da "boa".

Fotografando a alma

– Veja o senhor estas fotografias – diz-nos outro diretor de um centro. São fluidos espalhados no ar. Fizemos uma sessão e logo após batemos a chapa com a sala às escuras. Os espíritos, que rondavam o ambiente, tentaram fugir, mas foram apanhados em flagrante. Ah! Estão eles misturados.

Mostrou-nos depois o retrato de um periquito que fora de grande estimação de uma senhora sua conhecida. Era um casal. Em uma briga um deles devorara o outro. Querendo guardar uma recordação, a senhora mandara tirar o retrato do sobrevivente. E – Oh! Revelação maravilhosa! – Ali estava bem nítida no papel, a sombra do outro periquito rondando o assassino.

Olhamos e ficamos convencidos de que era a sombra do próprio periquito vivo.

Outro caso

Uma família espírita, cujo chefe falecera há pouco tempo fora fotografada diante de um barranco de fundo de quintal. O barranco apresentava, na foto, curiosas saliências, riscos e reentrâncias em sombra e luz. Sem dificuldade alguma, todos viram nela não só o pai, mas outro irmão que morrera na trincheira, em 1932, e mais alguns parentes afastados. Até o capacete do rapaz surgira.

O rapaz, decerto, ainda se julgava em plena revolução, motivo pelo qual não tirara o capacete de aço.

No centro falam-se todas as línguas

Os médiuns, geralmente, analfabetos, recebem almas de estrangeiros que nunca, em vida, falaram o português, e só se exprimem na língua deles, médiuns. Outras vezes, dá-se o inverso: o médium, analfabeto, fala a língua do espírito que "recebe", seja ela alemã ou chinesa.

Romances inteiros se têm feito assim. E com as ilustrações feitas pelo próprio médium sob a inspiração astral de Ticiano, Rembrandt etc.

Acontece, porém, que o médium, pouco pratico no selecionar os espíritos que recebe, se deixa apossar por diversos ao mesmo tempo, o que redunda em uma mistura horrível de línguas.

O caminho da sabedoria é a relativa descrença. Mas os

espíritos não estão por isso. Para começar é preciso crer. Eles provam tudo com a fé cega na crença.

Candomblé

Pai Gregório é um dos mais famosos curandeiros, cujas tocas vão por aí perdidas no ermo descampado dos bairros e subúrbios. Seus materiais são: cabeça de alho, figa, azeite de dendê, galho de arruda e as mais absurdas misturas para defumação. Sua palhoça tem um cheiro acre de bodum e enxofre, ervas medicinais e raízes exóticas. Faz exorcismos, dança ao redor da pequena fogueira que acende, canta uma congada qualquer e, para impressionar o ingênuo que vai "tirar" uma receita a troco de alguns mil réis, cai em êxtase, chora e receita uma história qualquer, que inventa ao sabor do fanatismo que põe no despacho.

E assim, vão eles, centros de Espiritismo suspeito e macumbeiros assaz conhecidos da polícia, fazendo as suas malandragens, até que uma vitima mais encorajada não os denuncie ao "seu" doutor.

O INFELIZ MOTORISTA PRATICOU AQUELE ATO DE LOUCURA SOB A AÇÃO DA MACUMBA

Correio de São Paulo, **n. 1116, 31 de janeiro de 1936**

Não é de hoje que a nossa população vem sendo assolada pelas pragas das macumbas e feitiçarias. Diariamente os jornais inserem noticias sobre a ação desses charlatães que, arrogando-se virtudes sobrenaturais, agem, de preferencia, sobre o espírito crédulo das classes humildes, motivando fatos que chegam a merecer providencias policiais.

Há dias, por exemplo, noticiamos o triste caso de um rapaz, Armando Chiachetti, motorista, que, em um ato de loucura, tentara arrancar os olhos com suas próprias unhas.

Esse fato, que despertou muita atenção, acaba, agora, de ser esclarecido. Trata-se de mais um caso da nefasta ação dos macumbeiros.

Em uma macumba de Vila Isolina

Armando Chiachetti declarou que fora levado a praticar aquele ato de loucura por se encontrar em precárias condições de saúde e finanças.

Isso é, em parte, verdade. O motorista, há tempos, vivia com uma mulher frequentadora de macumbas, que, vendo-o em más condições financeiras não titubeou em carrega-lo para uma dessas sessões, certa de que logo melhoraria de situação.

Armando, embora não acreditasse muito em magia negra e feitiçarias, acompanhou a amasia, na esperança de melhorar de sorte.

E começam a frequentar uma macumba de Vila Isolina, muito concorrida, aliás, onde professava uma "santa", de nome Maria Ramos.

Esta principiou a "doutrina-lo", incutindo-lhe no espírito crendices e ideias absurdas, ao passo que lhe dava a beber poções e preparados que em pouco tempo lhe arruinaram a saúde.

Ingratidão de mulher

Vendo Armando em péssimas condições de saúde e com as finanças cada vez piores, a amante não hesitou em abandoná-lo.

Esse foi um gole terrível para o pobre motorista, que daí em diante passou a frequentar mais assiduamente a macumba, na esperança que esta lhe conseguisse a volta da amásia.

O tempo passava e seu estado já dava sinais de anormalidade.

Uma cena dantesca

Nas primeiras horas de segunda feira última, a família de Armando Chiachetti foi despertada por urros e gritos que partiam do quarto do infeliz motorista. Correram todos e arrombaram a porta, deparando com uma cena realmente dantesca: de pé, no meio do quarto, com as vestes ensanguentadas, Armando tentava arrancar os olhos com as próprias unhas! Socorrido o manietado pelos parentes, o motorista foi removido para o hospital do Juquery, em estado grave.

A prisão da macumbeira

Recebendo uma denuncia dos parentes de Armando, o Delegado de Costumes mandou prender Maria Ramos que, calma e indiferente, se entregou à prisão.

Interrogada na polícia, declarou que trabalhava sob a inspiração do Pai Vicente, famoso "curador", falecido há anos e que exercia seu mistér em São Caetano.

– Pai Vicente é um santo – declarou a curandeira. – Ele não quer mal a ninguém.

– Nesse caso – perguntaram-lhe – como se explica o caso do pobre motorista?

A macumbeira não nega nem reconhece a sua culpa. Apenas, com voz calma e grave, diz:

– É que o mau olhado que botaram nele não tem cura!

NO REINADO SOMBRIO DA MACUMBA

Correio Paulistano, **n. 4581, 07 de maio de 1936**

A Delegacia de Costumes tem desenvolvido, nestes últimos tempos, uma campanha tenaz contra os macumbeiros e feiticeiros de toda espécie.

Ontem, o subchefe Joaquim Antônio Gentil efetuou a prisão de dois desses perniciosos elementos.

Maria Felizarda, residente à Rua Bueno de Andrade, 548, fundos, macumbeira.

Em sua residência foram aprender cartuchos de pólvora, terra de cemitério, velas, cascas de cobra e outros objetos para esse fim.

– Fausto Santana, outro macumbeiro detido pela polícia, residente à Avenida Leonor, 8, em Guarulhos, tinha em casa um verdadeiro depósito de ervas. Faustino Santana era especialista em curar "mau olhado" e "coisa feita". Para isso, obrigava as mulheres que o procuravam, a ficarem inteiramente despidas em um quarto.

Foi denunciado pelo soldado da Força Pública, Geraldo

Pereira da Silva, e preso.

Faustino Santana e Maria Felizarda vão ser processados pela Delegacia de Costumes.

Correio Paulistano, n. 4598, 27 de maio de 1936

A Delegacia de Costumes efetuou ontem a prisão do indivíduo Paulo Ramos da Silva, macumbeiro.

Paulo Ramos dava consultas em sua residência, cobrando 25 mil réis por vez.

Em sua residência foram apreendidos várias orações, remédios e beberagens. Esse macumbeiro vai ser devidamente processado.

Figura 24: Paulo Ramos da Silva

O MACUMBEIRO DA VILA LEOPOLDINA

Correio de São Paulo, n. 1225, 13 de junho de 1936

Conforme já noticiamos, inspetores da Delegacia de Costumes prenderam anteontem, em Vila Leopoldina, na ocasião em que se entregava à pratica de baixa macumba, o indivíduo Antenor Marques de Moraes, conhecido de todos os habitantes daquele distante bairro por sua especialidade em desfazer o mau olhado, tirar o demônio do copo dos clientes e, principalmente, arranjar um remédio para amores contrariados.

Segundo tivemos então ocasião de frisar, Antenor, fugindo do hábito de todos os macumbeiros, não usava, para iludir a boa fé dos que o procuravam, de grandes apa-

Figura 25: Antenor Marques de Moraes

ratos. Uma vela, uma terra do cemitério, ossos, fios de cabelo e uma cabeça de alho, eram os principais ingredientes de que se servia o "santo" da Vila Leopoldina. Entretanto, dizia ele, para que suas rezas dessem resultado teria ele de queimar, em memória das almas, notas de 50 ou mil réis, conforme as posses do freguês. Na verdade, ele as queimava, não no fogo, mas na venda da esquina.

Felizmente para os moradores de Vila Leopoldina que ainda acreditam em bruxarias, macumbas, magia negra e Espiritismo, Antenor Marques de Moraes já se encontra nas grades do Gabinete da Rua dos Gusmões, onde está sendo devidamente processado.

MACUMBEIRO!

Correio de São Paulo, **n. 1261, 25 de julho de 1936**

O caso chega ao conhecimento do repórter por intermédio do Gabinete de Investigações. Trata-se de macumba, de mistura com o canjerê. Fala-se em "pai de santo" e "caboclinhos do astral". A reportagem movimenta-se e depara com um caso sério.

Um homem que expede receitas, invocando, antes os elementos do astral!

As próprias autoridades policiais ao tomarem conhecimento da queixa, sentem arrepios.

O acusado é, mesmo, da macumba e, por isso, chega a determinar certo receio.

Mas a reportagem procura esclarecer o fato e chega à conclusão de que na realidade existe é que o individuo apontado é, nada menos, que um delinquente, como tantos outros que por aí vivem, impunemente.

Nada de macumba. Nada de canjerê.

O pilantra não passa de um mistificador, e a prova esta em que lhe estão preparando, com carinho, excelente processo que, naturalmente, lhe vai custar as grades do cárcere.

A queixa foi apresentada, há dias, a Delegacia de Costumes e os fatos que a determinaram podem ser narrados da seguinte maneira:

Invocando os caboclos

Muitas pessoas, atendendo conselhos de amigos, procuraram o indivíduo José Mascarenhas, em sua residência, à Rua Conde de Sarzedas, número 220, com o intuito de obterem alivio para males reputados graves e até incuráveis.

O homem, que se inculcava médico, as recebia observando complicados e terminava por expedir receitas, não menos complicadas, que ele próprio aviava.

Mascarenhas é, como todo bom macumbeiro, um tipo curioso.

Figura 26: Ilustração sobre a atividade do macumbeiro

Austero e requintado em gestos exóticos.

Antes de examinar o paciente, concentrava-se e invocava os "caboclos do astral", que ele afirma serem seus orientadores.

Em seguida receitava drogas complicadíssimas.

O doente se retirava do "consultório" compenetrado de que o homem era mesmo fabuloso.

Não raro, porém, sentia agravarem-se seus padecimentos e era forçado a recorrer a outro facultativo.

Mas, o que é mais grave, o que, aliás, complica seriamente a situação de José Mascarenhas é que ele cobrava do paciente não só a consulta como, igualmente, o aviamento da receita.

E cobrava bem, quase arrancando os olhos da cara do enfermo, que, por via de regra, já se encontrava com as algibeiras depauperadas.

Tantas fez, entretanto, que começaram a surgir comentários a propósito das suas "atividades médicas".

Apresentada a queixa

Entre outras pessoas que recorreram ao falso médico e foram, por ele, mistificadas, figura Dona Anna Ferreira Alves, residente à Rua Bráulio Gomes, número 20, nesta capital.

A aludida senhora procurou, por duas vezes, o macumbeiro, na ignorância, aliás, de que ele não fosse médico, e pagou, de cada vez, a importância de 14 mil réis.

Não obtendo resultado satisfatório e chegando à convicção de um mistificador, resolveu apresentar queixa às autoridades policiais.

E o fez, na realidade, pedindo a adoção das providencias que o caso comportava.

A prisão do macumbeiro

Tornando-se por termo a queixa de Dona Anna Ferreira Alves, as autoridades da Delegacia de Costumes realizaram ontem, após uma série de investigações, a diligência que resultou na prisão de José Mascarenhas.

Instaurado, ainda, o competente inquérito, vê-se, agora, o acusado às voltas com a justiça, que, naturalmente, o encaminhará às grades do xadrez.

NO TRIBUNAL DE OGUM!

Correio de São Paulo, n. 1291, 29 de agosto de 1936

O terreiro estava repleto de "crentes". Ogum baixara, momentos antes, e o "aparelho" corcoveava, ameaçando todos os presentes, ao mesmo tempo em que a "cuíca" roncava, em uma cadencia diabólica. Pai de Santo assistia ao espetáculo, que presidia, murmurando uma reza complicada. Sobre a banqueta, à guisa de mesa, viam-se um galo preto, que fora sacrificado em holocausto a Exu; três ou quatro velas; um punhado de alfinetes, uma caixa de fósforos e uma garrafa de pinga.

A cerimonia observava o ritualismo complexo de genuína magia negra. Tratava-se, aliás, de uma sessão em que seria julgado um noivo displicente, um verdadeiro "Don Juan", cuja situação, em face do compromisso que assumira com a jovem, não era das mais razoáveis.

O batuque estava animadíssimo, esperando-se o pronunciamento do "aparelho", relativamente ao "candomblé" que deveria ser despachado com destino ao noivo arredio.

Mas aconteceu que, cientificado do que se verificava, a polícia compareceu e o "canjerê" foi interrompido.

Todo mundo em cana

Foi na residência de Antônio de Alcântara, à Vila Constantina, em São Miguel.

A caravana policial compareceu, justamente quando a macumba estava mais animada. Ao penetrarem no terreiro, onde o Pai de Santo pontificava, as autoridades policiais sentenciaram: – "Todo mundo em cana"!

Momentos depois, a caravana regressava ao Gabinete, acrescida de dois elementos, que outros não eram se não Antônio de Alcântara, o Pai de Santo e Enclidia Gonçalves, sua companheira de aventuras.

A policia apreendeu, ainda, os complicados apetrechos de que se serviam, no momento, os macumbeiros.

Processados regularmente

Ao que apurou a reportagem, Antônio de Alcântara e Enclidia Gonçalves estão sendo processados regularmente pela Delegacia de Costumes. Foram colhidos pela policia elementos bastantes que servem de prova de que ambos praticavam a magia negra. Nestas condições, vão os dois macumbeiros ajustar contar com a Justiça, que deverá ser implacável.

O noivo, a que acima fizemos referencia, é que lucrou com a interferência da policia, porque não chegou a ser determinado o despacho que lhe seria encaminhado.

E que sorte! Um despacho, principalmente conseguido por uma noiva, deve ser uma coisa muito seria.

EXPLORAVAM A CRENDICE POPULAR

Correio de São Paulo, **n. 1302, 15 de setembro de 1936**

Santos, 15 (Da sucursal) – Indivíduos espertalhões, sem a menor partícula de cultura vieram "trabalhar" aqui, campo vasto e propício ao exercício de sua charlatanesca "profissão", os "laboratórios" e "tendas", onde se explorava a crendice dos papalvos, proliferavam abundantemente. A atividade desses "miraculosos" cavalheiros e cavalheiras era excessiva. Possuidores de arrogância requintadas, os "águias" menosprezavam a ação policial. Eis, senão quando, a polícia resolveu por um paradeiro a tal estado de coisas. E uma batida em regra foi feita a essas arapucas. Os hábeis marmanjos e as rubicundas matronas foram pegos com a boca na botija.

Nos seus "consultórios" a polícia apreendeu toda a indumentária indispensável a burlar quantos buscavam a ciência (sic!) dos charlatães. Assim, grande quantidade de velas de cera, pés de galinha, patas de gatos ou de gatas, pedações de santos, "ossos de cemitério", "pó de ouro", penas de gavião, além de uma infinidade de outros utensílios da macumba, objetos esses com que os maraus "resolviam" os mais difíceis casos de vida, tais como: amores não correspondidos, realização ou desmanchamento de casamentos, obtenção de empregos rendosos, adivinhando "tudo" quanto o futuro reservasse aos consulentes (só não adivinharam a "visita" da policia resolvera fazer-lhes) – tudo foi encher uma das dependências do velho e colonial casarão da Praça dos Andradas, enquanto os torpes exploradores de papalvos ingênuos ingressavam, com todas as honras, nos xadrezes da cadeia local. A relação dos detidos é extensa. Dela constam os nomes de Pedro Gaeta, Miguel Daraião e Miguel Blado, entre todos os mais hábeis na pratica da intrujice.

Todos serão regularmente processados.

DE GRAÇA DEVE SE DAR O QUE DE GRAÇA SE RECEBE

Correio de São Paulo, **n. 1463, 03 de abril de 1937**

Macumba é sinônimo de desgraça, de ignorância e de estupidez, mas nem por isso deixa ela de existir mesmo em pleno século XX em um centro civilizado como São Paulo. Os macumbeiros da pólvora, do gato preto e de outros ingredientes usados para as atividades afins que lhes seguem os passos: os curandeiros, as fazedoras de anjos e as cartomantes. Volta e meia a Delegacia de Costumes, dirigida pelo Dr. Alfredo de Assis, se vê a braços com essa pratica social.

Os arraios da feitiçaria, da quiromancia, do baixo espiritismo andam em constantes sobressaltos com as providências da policia, que tudo tem feito para limpar a cidade desses perigosos inimigos.

Ainda ontem, os inspetores Sylvio e Emilio, por ordem do Dr. Amoroso Neto, colaborador e orientador das diligências feitas no sentido de dar cata a esses transgressores da lei pela Delegacia de Costumes seguiram para a Penha, onde campeiam os macumbeiros e curandeiros, a fim de lhes fazer uma visita inesperada. A sortida foi fácil e produtiva: os inspetores foram logo bater na casa do Benedicto Fabiano, macumbeiro com várias passagens pelo Gabinete de Investigações e que, àquela hora, preparava-se para as suas atividades.

Na toca de Pai David

Benedicto, que se cognominou Pai David, reside em uma casa enterrada em um quintalão plantado à Rua Francisco Amaral, número 57. A macumba e os passes de magia negra na residência do Pai David, sempre foram movimentados e rendosos. Agora, porém, depois de inúmeras batidas da polícia, ficou quase abandonada. O Benedicto se queixava justamente disso quando os inspetores entraram porta adentro na maior camaradagem.

Pai David não opôs resistência: foi logo calçando as botas para vir ao Gabinete.

Antes, porém, passou por uma chapa e conversou com o repórter sobre as coisas da vida. Negou que usasse gato preto para as suas "amarrações". Enviado do céu para salvar os sofredores. Pai David julgava não ser necessária tanta "cerimônia". É bem mais simples, diz ele, porque com um pouco de pólvora e unha ralada no "fogo sagrado" se faz muito mais do que com aqueles bichos azarentos. Tudo se arranja, inclusive ervas, raízes, folhas e água de cemitério para curar um mal bravo.

Benedicto Fabiano, entretanto, declara ao repórter que de nada serve para seus trabalhos, que são mais limpos. Apenas usa de rezas e benzeduras, pois que desde criança segue o princípio de David, segundo o qual "de graça deve se dar o que de graça se recebe". Tudo está em uma questão de fé. Quem tem fé, sara: quem não tem, bate as botas.

Tanto morre quem bebe como quem não bebe

A mulher de Benedicto Fabiano, que o ajuda em certos "afazeres" de feitiçaria e magia negra, deu um formidável "estrilo" quando o fotografo preparou a objetiva para uma chapa. Gritou que aquilo não era direito e que estava contra a "Constituinte" dos "Direitos dos Pobres". Era um absurdo, mas o Ladislau não quis saber de história e gritou para o Pai David:

– "Um momento, faz favor!"

Benedicto Fabiano não se fez de rogado. Tomou posição, com grandes braços abertos, mesmo em frente ao santuário, declarando:

– "Pode bater. O que eu quero é que saia uma chapa bonita".

Tiramos ainda outra chapa, esta, porém próximo de um velho de longas barbas brancas, vizinho de Benedicto, e que se achava no quintal da casa, descansando.

Ao chegar perto do velho, diz Pai David, chalaceando:

– "Eis aí, Pedro, a crueldade dos perseguidores de David, seu protetor".

Queríamos saber, porém, mais alguma coisa sobre a vida do macumbeiro. Pai David é um grande apreciador de cachaça da boa, vinda do Parnaíba. Ele confirmou sua preferência por caninha e disse-nos em tom filosófico:

– Não adianta deixar de lado a cachaça: tanto morre quem bebe como quem não bebe. Eu sei que vou morrer mais depressa bebendo, mas é só assim que a gente consegue esquecer a vida. Não tenho mesmo sorte, pois sou curandeiro há 400 anos e até agora não ganhei fortuna. Entretanto, o Nilo, outro preto aqui de perto, ainda há pouco ganhou 20 contos no jogo do bicho. Isto é que é sorte, e mais é prosa.

Encaminhado para o Gabinete de Investigações

Benedicto Fabiano foi imediatamente encaminhado para o Gabinete de Investigações. Mas uma "visitinha" ao edifício da Rua dos Gusmões que o curandeiro, encanecido na macumba, fez com que a máxima displicência. Entretanto, é mais um exemplo para esses transgressores da lei. Forcemos essa gente daninha a uma retirada estratégica, pois só assim a cidade poderá ficar limpa dos horrores da macumba, da bruxaria, da quiromancia, da *buena dicha*[40] e do quadro de miséria provocado pelos que exercem ilegalmente a medicina. A campanha profilática, em boa hora encetada pela Delegacia de Costumes, é digna de louvores e representa para os doutores Alfredo Assis, Amoroso Netto e Potyguar de Medeiros, uma série de triunfos a que também tem prestado a sua co-

Figura 27: Pai David em duas poses

40 Sorte fausta ou infausta de um indivíduo, supostamente inferida por algum meio ocultista (por exemplo, pelas linhas da mão); sina, fortuna.

laboração eficiente o subchefe Gentil e os inspetores daquela delegacia especializada.

MACUMBEIRO PRESO NA RUA TANQUE VELHO

Correio de São Paulo, **n. 1468, 09 de abril de 1937**

A zona do Tucuruvi parece que está infestada dos praticantes do curandeirismo, do baixo espiritismo e da macumba, denominações essas que podem ser todas sintetizadas na expressão magia negra. Varias queixas de moradores daquele bairro a Delegacia de Costumes tem recebido ultimamente.

Um oficial do Exército, domiciliado à Rua Londres, número 29, queixou-se da existência de uma macumba dessa via publica.

O inspetor Ribeiro, da delegacia chefiada pelo Dr. Alfredo de Assis, foi designado para efetuar uma diligência naquele endereço. Lá chegando, não encontrou a mulher apontada como macumbeira. Disseram-lhe, entretanto, que ela costumava frequentar o Centro Espírita Amor e Caridade, sito na mesma rua. O policial chegou a centro e falou com a presidente Maria de Lourdes, sendo informado de que a casa era legalizada e não consentia frequência de gente que "tem partes" com demônio.

Existia um curandeiro muito afreguesado, isso sim – disse Maria de Lourdes – que morava ali por perto, na Rua Tanque Velho, número 53. Que a policia fosse lá. E a policia foi.

Dada a batida na casa suspeita, o "emissário do astral" foi preso com a boca na botija. Trata-se do preto Alfredo Clemente, que na ocasião atendia a cerca de meia dezena de clientes.

Clemente não cobrava as consultas, pois costuma trabalhar de graça, em benefício da humanidade sofredora. Quem pudesse dar alguma coisa, que desse. E, para isso, lá estava ele sobre uma mesinha a grande bandeja recolhedora das dadivas em dinheiro. Varias notas e inúmeros níqueis estavam nela espalhados. O ambiente era cheio de amuleto e de apetrechos esquisitos.

Surpreendido assim no exercício ilegal da medicina, Alfredo Clemente foi preso e conduzido à Delegacia de Costumes, tendo o escrivão Pedro dos Rios redigido a parte endereçada ao Dr. Assis, para dar conta dos resultados da diligência.

A POLÍCIA DE COSTUMES FECHOU UM CENTRO ESPÍRITA

***Correio de São Paulo*, n. 1475, 17 de abril de 1937**

Curandeirismo. Macumba. Baixo espiritismo. Feitiçaria. Quiromancia. Tudo isso é igual a isto: "chantagem".

E São Paulo, apesar de suas prerrogativas de capital adiantada, está cheia de antros dessa natureza, espalhados pelos porões e cortiços dos bairros distantes.

Inúmeros charlatães de ambos os sexos vivem se ocupando desses múltiplos misteres, engabelando com seus bruxedos e horóscopos fantásticos uma grande quantidade de gente crédula, passiva, falta de instrução e de quem lhe ensine a fugir dessas baboseiras.

O imenso campo de ação de tais exploradores é a ignorância publica. Tarefa mais eficiente para se conseguir a erradicação desses cancros sociais seria, sem duvida, educar a massa do povo. Propalar por todos os meios possíveis que isso tudo não passa de vil e despudorada exploração – além de produzir os terríveis efeitos que produz sobre certas pessoas fracas e impressionáveis, levando-as ao desespero e à loucura.

O dia em que fosse articulada uma campanha e ao mesmo tempo repressiva, desse jaez, os macumbeiros e espiritas de toda espécie ver-se-iam obrigados a arranjar uma profissão decente, por falta de clientela.

Foi fechado ontem um centro espírita

A Delegacia de Costumes, chefiada pelo Dr. Alfredo de Assis, teve conhecimento de que vinha funcionando com pleno êxito, no prédio número 124 da Rua João Boemer, um centro espírita duvidoso.

E foi combinada uma batida nessa espelunca, a cargo de vários inspetores daquela especializada. A diligência realizou-se na tarde de ontem, tendo os investigadores surpreendidos os donos do centro em franca atividade, quando eles atendiam a inúmeras pessoas.

Georgino Barroso receitava esquisitos remédios, que eram manipulados por Dona Julieta Paranhos de Aguiar, sendo algumas receitas aviadas na farmácia existente à Avenida Celso Garcia, número 90.

Georgino e Dona Julieta foram presos em flagrante e encaminhados ao Gabinete de Investigações, devendo ser iniciado contra eles o competente processo.

TODOS DANÇAVAM EM REDOR DA MESA, NO QUARTO MAL ILUMINADO

Correio de São Paulo, **n. 1500, 20 de maio de 1937**

Na madrugada de sábado último, por volta das 2:30h. horas, o subdelegado Washington Pimenta Bueno, pertencente ao 5° Distrito Policial soube de que se estava realizando na Vila Campestre, além do Parque Jabaquara, uma movimentada sessão de macumba na casa de José de Oliveira, conhecido explorador da credulidade publica.

Resolvendo dar uma batida no local, o subdelegado em apreço dirigiu-se primeiro à Central de Policia, a fim de conseguir auxilio para a efetivação da diligência. Sua ida à Central foi feita no automóvel de chapa P. 88-58, de propriedade de um casal que se encontrava assistindo a reunião macabra.

Insucesso

A diligência não foi feita com êxito, porquanto a principal figura da cena bizarra ou seja o macumbeiro José de Oliveira, conseguiu evadir-se por ocasião por ocasião do cerco à residência.

Penetrando no prédio, iluminado por luz tremente de lamparinas, os policiais detiveram várias pessoas presentes à macumba, quase todos de cor. Tratava-se de gente crédula e humilde, que ali só tinha ido por curiosidade e ignorância, à exceção do casal que era formado pela Senhora Maria Camargo Parreiras e um seu primo, funcionário da Rádio Patrulha.

Todas as pessoas, por uma crença bárbara ou por mero divertimento, dançavam em volta da mesa tosca, murmurando canções sortílegas. Era uma macumba bem caracterizada. Sobre a mesa viam-se os mais estranhos apetrechos de mandinga: um coração de boi, uma galinha morta, terra de cemitério, amuletos vários e uma infinidade de coisas esquisitas. O ambiente era impressionante. Fazia arrepiar até os cabelos.

Os detidos, uns sem colarinho, outros em mangas de camisa, foram encaminhados à delegacia do distrito, situada nas proximidades.

Atitude parcial

Repórteres fotográficos acorreram a focalizar aspectos da macumba, convidados pelo subdelegado Pimenta Bueno. Nessa ocasião é que se verificou o procedimento condenável da citada autoridade, que, sem motivo plausível, separou o casal dentre o grupo de assistentes presos, não permitindo que a dama elegante e seu companheiro fossem fotografados.

Quanto aos outros, operários, sem outro crime que o da própria ignorância, obrigou-os a posar para a objetiva em atitudes ridículas, ordenando que segurassem o coração de boi e a galinha morta. Entre os que se iram nessa situação achava-se um inspetor da Light, com 20 anos de serviços prestados a essa companhia o qual, procurando muito esquivar-se de uma publicidade comprometedora, que poderia acarretar-lhe até a perda do emprego, tentou encobrir o rosto com a gola do

Figura 28: Algumas das pessoas que assistiam à sessão de macumba, rodeadas de policiais na subdelegacia da Avenida Jabaquara

paletó a desistir, sendo forçado a desistir do propósito e fixar a máquina fotográfica.

Enquanto isso, inexplicavelmente, o casal gozava do conforto de uma saleta ao lado, sem importunação alguma. É verdade que a senhora reclamou depois o gasto de gasolina de seu carro.

Os detidos permaneceram no xadrez até às 11 horas aproximadamente, quando seguiram em um carro de presos para o Gabinete de Investigações, à disposição do Delegado de Costumes.

O Dr. Alfredo de Assis, felizmente, julgando o caso desinteressante à polícia – pois que os presos não eram passíveis de pena, cabível unicamente ao macumbeiro evadido – mandou que todos se retirassem em paz.

COM UMA CAVEIRA, ONÇA EMBALSAMADA E OBJETOS EXÓTICOS, LESAVA OS INCAUTOS

Jornal de Notícias, **n. 697, 29 de julho de 1948**

Decidiu a policia, oportunamente, investir com todo rigor contra os macumbeiros, curandeiros e toda sorte de mistificadores, que exploram criminosamente a credulidade publica. Essa campanha profilática há já muito que se fazia necessária. Elevado é o número de indivíduos que lançam mão de processos torpes para ludibriar as pessoas menos esclarecidas.

A Secção de Contravenções através de suas "patrulhas 50" desenvolve a campanha contra os mistificadores e sua ação perdurará até que a cidade fique literalmente limpa dos "santos".

O curandeiro do Ipiranga

O terceiro sargento em disponibilidade da Força Pública do Estado, Esmeraldo Domingos de Oliveira, de 52 anos, viúvo, morador à Rua André Botelho, número 17, no Ipiranga, era o curandeiro daquele tradicional bairro. Sua residência, ele a transformou em verdadeiro museu de coisas exóticas, estranhas e que impressionam profundamente. Era ali a sua tenda de trabalhos. Salas repletas de imagens de santos, quadros de cabeças de negro, terços longos e de várias cores, figas de guiné, recipientes com líquidos rescendendo cheiro estranho, bola de cristal, ossos de corpo humano e, por fim, um crâneo, em cujo interior introduzia um pedaço de vela, formavam o ambiente daquela casa, onde o Pai de Santo do Ipiranga operava curas milagrosas de moléstias, mesmo crônicas, por preços que vaiavam conforme as posses do incauto. Protestou veementemente o sargento que resolveu dedicar-se à macumba, ao receber voz de prisão. Suas palavras, porém, foram em vão e os policiais transportaram-no para o Departamento de Investigações para ser autuado em flagrante, como incurso em dispositivos da Lei de Contravenções Penais.

Acervo macabro

Todos os objetos que compunham o lúgubre patrimônio do curandeiro foram apreendidos. O crâneo esclarecia ele posteriormente, fora obtido em uma escola de educação física, a cujo quadro de instrutores pertencera.

Soubemos, por outro lado, que a caveira era parte imprescindível aos rituais exóticos criados pelo macumbeiro no decurso das sessões noturnas. Instaladas as sessões – segundo nos informaram – o macumbeiro era tomado de poderes sobrenaturais, que forças estranhas lhe transmitiam. Precedendo a sala das sessões na casa do "santo" do Ipiranga, há uma dependência tratada, forrada por tapetes caríssimos, e na qual se alinham poltronas confortáveis e cadeiras de imbuia maciça, destinados aos consulentes, que deviam aguardar o momento de serem atendidos.

No final da busca a que a polícia deu nos haveres do macumbeiro, duas cestas enormes foram poucas para o transporte dos objetos ali encontrados. Entre outras coisas, verificamos, na policia, que o acervo macabro do "operador de milagres" se compunha das seguintes coisas: livros diversos sobre magia negra, onças embalsamadas, bolas de cristal, imagens e quadros de santos, uma bengala de cipó envernizado, rodeada de terços de contas pretas e com uma pequena lançada adaptada à parte superior; esta bengala era a "vara de condão", ao que nos revelaram, do "salvador"; budas, velas e uma infinidade de garrafas contendo líquidos de diferentes colorações e que eram as drogas confeccionadas pelo preso e ministradas aos consulentes. Todos esses objetos foram apreendidos e transportados à Secção de Contravenções, para os fins devidos.

Não gostaram da intervenção da polícia

Com a aparição da polícia na tenda de trabalho do macumbeiro, algumas pessoas que ali se encontravam se puseram em debandada. Outras ficaram. E estas não gostaram da intervenção dos policiais, tendo uma protestado contra a prisão do sargento Esmeraldo Domingos de Oliveira. Frequentava as sessões há muito tempo e tinha esperanças de se ver livre do mal que a aflige. Quem levantou o protesto foi um senhor de idade relativamente elevada e sua atitude fez com que a polícia, sabendo que ele era uma das pessoas lesadas, o arrolasse como testemunha no processo que se instaurou contra o mistificador. Outra pessoa, possivelmente obcecada pela influencia que lhe deveria exercer o macumbeiro, ao se afastar o carro da polícia, observou:

– "Vocês não sabem com quem estão se metendo. Não vão queixar-se se um dia suas vidas se tornarem embaraçadas".

Outros consulentes do "santo" também servirão de testemunhas no inquérito polícia.

RIGOROSA CAMPANHA DA DELEGACIA DE COSTUMES CONTRA AS MACUMBAS

Jornal de Notícias, n. 703, 05 de agosto de 1948

Muito pouco ou quase nada se tem feito contra a macumba e o curandeirismo em São Paulo. Mistificadores de toda espécie aí estão, disseminados por todas as partes da cidade, agindo livremente e explorando criminosamente a credulidade pública.

Os filhos de Ogum, Oxóssi, Xangô e outros fortíssimos

"protetores" de terreiro de macumba, diante do inexplicável inação das autoridades policiais, nada veem que lhes impeça de fazer funcionar suas "pedras" de trabalho. E, embora não pareça, as atividades desses mistificadores já assumem aspectos alarmantes, tal o número de pessoas por eles ludibriadas e levando-se em linha de conta, ainda, os que vieram e ter morte estranha, devido ao tratamento e à ingestão de drogas prescritas por macumbeiros e curandeiros.

Entretanto, surge agora a Delegacia de Costumes, tendo à frente o delegado Hernani Ferreira Braga, resolvido a dar combate sem trégua a esses especuladores do povo. Essa campanha, pelo que temos visto será rigorosa e ontem, com uma série de diligências, teve inicio.

Caravanas policiais

Desde as nove horas de ontem, caravanas de investigadores da Delegacia de Fiscalização de Costumes já se encontravam em atividade, percorrendo bairros em que se saiba existirem terreiros de macumba.

Acompanhados de todos os repórteres acreditados junto ao Departamento de Investigações, os agentes de Costumes Sousa Perito, Ataliba, Marchetti e Figueiredo, cerca das 09h30min horas chegavam à Rua Conselheiro Ribas, número 88, em Vila Anastácio. Segundo informações que obtivemos. Urano é um dos maiorais da macumba, da linha de Umbanda.

Nas dependências desse macumbeiro, porém, nada que o comprometesse foi encontrado pela polícia. Interpelado sobre qual o destino que dera ao material que utilizava em suas sessões de terreiro. Urbano revelou que dera a um amigo, residente em Juiz de Fora. Disse mais que há muito tempo se afastou da macumba, dedicando-se, presentemente, apenas aos seus afazeres particulares. Mesmo assim, o macumbeiro recebeu voz de prisão e foi transportado para a Delegacia de Costumes, em cujo Cartório presou declarações.

Xangô e Ogum

A macumba sempre se cercou de quase impenetrável mistério. Os seus terreiros, ornados com aparatos fantásticos e exóticos, oferecem cenas que impressionam a fundo. Sons rouquenhos de tambores, cânticos lamuriosos e danças estranhas em meio a ensurdecedores barulhos formam uma parte do ritual exótico. Ogum, Xangô, Oxóssi são os mais influentes protetores desses terreiros. Seus "filhos" os invocam através de músicas acompanhadas do aturdimento dos grandes atabaques, batidos com frenesi nas noites de trabalho para "saravá" os Orixás da linha de Umbanda.

Os incautos, atraídos pelos macumbeiros, absortos e obcecados pela excentricidade desses espetáculos, acabam por acreditar nas forças sobrenaturais dos "filhos" de Xangô e Ogum, transformando-se, então, em suas vítimas.

O "santo" de Vila Pompéia

Era em noites de função desses terreiros que João Pompéia, morador, à Rua Miranda de Azevedo, número 326, em Vila Pompéia, "operava" curas de moléstias, mesmo de caráter crônico, e se dizia imbuído de poderes para resolver questões íntimas dos que lhe procuravam. "Curas milagrosas" através da macumba e do oculto africano, anunciava o "santo" de Vila Pompéia e só o seu terreiro conseguia atrair numerosas pessoas, das quais extorquia, no decurso dos trabalhos, somas variáveis em dinheiro.

Pela manhã de ontem, porém, a polícia chegou à residência do "santo" e o seu terreiro de macumba foi fechado. Seus "protetores", Ogum e Xangô, obrigatoriamente, se afastarão do terreiro durante algum tempo.

Em dependências da casa do macumbeiro, os agentes da Delegacia de Costumes encontraram muito material de macumba, inclusive latas de cera repletas de moedas de dois cruzeiros, e ainda quadros e imagens de santos. Procedeu-se à apreensão de todos os apetrechos do mistificador, os quais foram enviados para a Delegacia de Costumes.

Macumba e magia negra

Em um cômodo modesto da habitação coletiva localizada à Rua Engenheiro Saturnino de Brito, número 97, no Belém, Antônio Alexandre Mena, o "santo" daquele bairro, instalou sua "pedra" de trabalho. Ali, afora o curandeirismo e a macumba, esse mistificador faria magia negra.

Pequenas fitas de seda carmesim foram encontradas em uma caixa de madeira e explicando o motivo porque as guardava, esclareceu o macumbeiro que eram para envolver os pescoços dos consulentes, que, assim, ficavam em condições de receber os fluidos e as transmissões dos "protetores" do terreiro. Apreende-se, também, uma bandeira de fundo preto, em que se viam desenhados ossos do corpo humano, crâneos e outros caraterísticos da macumba.

Processados criminalmente

Todos três exploradores de incautos foram enviados para o Departamento de Investigações. Em Cartório da Delegacia de Costumes prestaram eles declarações nos respectivos inquéritos policiais instaurados pelo delegado Hernani Ferreira Braga.

Entretanto, por não se ter verificado prisão em flagrante, todos os presos, logo que foram desimpedidos das formalidades legais, foram postos novamente em liberdade. Assegurou o delegado Ferreira Braga à nossa reportagem que a campanha prosseguirá e que os mistificadores, desde que descobertos, serão presos e submetidos a processo-crime.

MISTIFICAÇÃO E DEPRAVAÇÃO

Jornal de Notícias, n. 725, 31 de agosto de 1948

A Delegacia de Costumes prendeu, ontem e está processando o macumbeiro José Viana da Silva, morador à Rua Marquês de Leão, número 650, bairro da Bela Vista. Consoante soubemos na polícia, o preso transformou sua moradia em terreiro de macumba, onde realizava sessões noturnas, em um ambiente impressionante tal o número de velas, imagens de santos, quadros e outros apetrechos que utilizava, através dos quais se dizia possuído por forças sobrenaturais para operar "curas" de moléstias e normalizar situações de casais, que viessem em desarmonia por incompatibilidade de gênios e outros motivos quaisquer.

Figura 29: José Viana da Silva

Uma senhora casada, residente no Ipiranga, porém, levantou sérias acusações contra José Viana da Silva, afirmando que ele, para livrá-la de perturbações estranhas, a encerrou em uma dependência de sua casa, onde, depois de entorpecê-la, submeteu-a a atos indecorosos. As palavras dessa senhora foram tomadas por termo em Cartório da Delegacia de Costumes e constituirão parte do processo que a policia move contra o mistificador.

ENTRE A POLÍTICA E A MACUMBA

***Folha do Povo*, n. 132, 19 de julho de 1952**

(Reportagem de U.H. – Exclusivo de Folha do Povo no Espírito Santo).

Grande número de associados do Centro Espírita João da Cruz, com sede em Petrópolis vem protestando contra a emissão de títulos provisórios por parte da diretoria, dominada pelo vereador Manoel de Almeida, com o fim de "adquirir meios monetários para a construção da sede própria e um hospital maternidade anexo para tratamento de diversas doenças sob os cuidados da medicina espiritual".

O descontentamento veio revelar mais uma das "trapalhadas" do vereador, antigo macumbeiro, que também exerce o oficio de alfaiate. Daí o seu apelido: "Manoel Alfaiate". Pois bem. Manoel Alfaiate conseguiu eleger-se para a Câmara Municipal duas vezes (agora ele pertence ao partido do Senhor Ademar de Barros), tendo como *slogan* o seguinte: "Votem em Manoel Alfaiate, o médico dos pobres".

Manoel não cursou nenhuma faculdade de medicina. Mas fez seu cartaz como curandeiro, através dos "trabalhos" do

Centro Espírita João da Cruz, do qual se tornou presidente e dirigente máximo. Todas as terças, quintas e sábados, reúne os seus adeptos em funções a que não faltam "marafo" (cachaça), o pito (charuto e cachimbo) e o punhal, instrumento que usa para livrar o "cliente", das doenças que o afligem.

Dr. Cesário e Dr. Azamú

Usando os processos mais grosseiros, o vereador-macumbeiro recebe durante as sessões que realiza o espírito de um orixá africano, que se diz chamar Dr. Cesário, ao mesmo tempo em que sua principal auxiliar, a médium Iracema Fernandes, se sente dominada pelo espírito de um orixá-indiano, o Dr. Azamú.

E, explorando a crendice popular, os dois espertalhões distribuem "água milagrosa", capaz de curar todos os males, inclusive mazelas., quando não praticam pequenas intervenções. A indústria de Manoel Alfaiate prospera e, segundo a reportagem apurou, embora sem obter confirmação. Cesário e Azamú tem levado mais longe a sua atividade, chegando mesmo a praticar abortos.

O golpe das apólices

Ampliando o raio de ação, usando o baixo espiritismo como arma política, Manoel Alfaiate tratou de consolidar a sua situação financeira. E foi então que deu o golpe das apólices. Emitiu cerca de 200 mil cruzeiros em títulos de propriedade do Centro Espírita para a construção de um hipotético hospital, para "tratamento de diversas doenças sob os cuidados da medicina espiritual".

Para comprovar a má fé do vereador-macumbeiro, basta que se diga que a emissão das apólices em questão, nem sequer foi registrada nos cartórios, de acordo com as normas legais em negócios de tal natureza.

Não presta contas

Começou assim a lavrar um grande descontentamento entre os frequentadores do Centro Espírita João da Cruz. Alguns dos sócios fundadores – e dentre estes, o tesoureiro –

retiraram-se da entidade. Manoel Alfaiate continua, porém, a explorar o "negócio", sem dar satisfações a quem quer que seja.

Ao que dizem, em Petrópolis, o espertalhão já conseguiu reunir apreciável soma, com a venda das apólices, dinheiro esse que empregou para fins particulares, quer na sua campanha política para a Câmara Municipal, quer na compra de imóveis em seu nome. Assim o nosso Manoel acabará deputado.

As sessões no terreiro

A reportagem conseguiu penetrar nos domínios de Manoel Alfaiate, em uma das sessões espíritas na Rua Ingelhein, número 821. O nosso flagrante nos trabalhos, mostra o segundo personagem da farsa, Iracema Fernandes toda de branco, em trajes indianos. É o "Dr. Azamú". Em roda, envergando uniformes com as iniciais C. E. C. Um tanto burocratizadas, completam a cena as demais auxiliares. É este o reino de Manoel Alfaiate, cuja audácia já lhe valeu uma cadeira de vereador por uma das cidades mais cultas do Brasil.

Figura 30: Manoel Alfaiate "incorporado" com o "Dr. Cesário". *Folha do Povo*, n. 132, 19 de julho de 1952

MACUMBA VELHA DA BAHIA

Oliveira Ribeiro Neto

Correio Paulistano, **n. 84, 27 de dezembro de 1953**

– Oxalá é Santo grande!
A voz do negro ecoou na noite cheia de estrelas
Entre as mangueiras em flor
– Oxalá é Santo grande
Eu sou filho de Oxalá!
Deu meia noite na Igreja
O negro benze o fogo
Com um chifre de bode preto, três vezes de lá para cá
Abriu a boca de um sapo
Pôs dentro a cinza do fogo
A cinza que foi um dia, um retrato de Sinhá
Depois agarrou no sapo, cozeu a boca do bicho
Fazendo cruzes na boca três vezes de lá para cá
Pôs tudo em uma tigela com leite de cabra preta
– Oxalá é Santo grande
Eu sou filho de Oxalá
Quando este sapo morrer
Meu santo leva do mundo os encantos de Sinhá!
Pode partir, minha filha, tu és filha de Oxalá!
No canto, a negra bonita
Sorria para o Pai de Santo preferido do Orixá
Sorria com os dentes brancos
Sorria com todo corpo
Pensando que nessa noite
Tem de sumir deste mundo
Os encantos de Sinhá
– Pode partir, minha filha, tu és filha de Oxalá!
Quando foi de manhãzinha e a negra chegou em casa
Encontrou a casa cheia
– Sinhá já tinha morrido, desde a meia noite e meia
A negra não chorou, não!
Oxalá é Santo grande, eu sou filha de Oxalá!
O enterro saiu de tarde

Sinhô voltou, foi deitar na rede branca do quarto
A negra foi se enfeitar
Banhou-se em água de cheiro
Meteu um jasmim no cinto, patchuli na cabeça
A anágua toda rendada, a blusa de labirinto
Colar que foi de Sinhá.
– Oxalá é Santo grande
Eu sou filha de Oxalá!

DEZ MILHÕES PARA AUXILIAR O ESPIRITISMO E A UMBANDA

***Jornal do Dia*, n. 2362, 18 de dezembro de 1954**

Rio, 17 – Cerca de dez milhões de cruzeiros do Orçamento da Prefeitura para 1955 serão destinados a subvencionar um número aproximado de 250 cabanas, tendas e centros espíritas com os nomes esdrúxulos de Caboclo Pena Branca, Filhos de Oxalá, Ogum Guerreiro, Rei Guiné, Sete Flechas etc.

O apoio financeiro da Câmara de Vereadores a essas entidades é dado de acordo com um critério desconhecido – que se supõe proporcional ao número de fiéis de cada uma – variante entre Cr$ 10.000,00 e Cr$ 200.000,00.

As cabanas

No setor das cabanas, enquanto a Cabana Espírita Tibiriri foi agraciada com 80 mil cruzeiros, a Maria Conga não foi além dos 10 mil. Intermediárias, a Tupi das Matas (Cr$ 20.000,00), a Pai Joaquim de Aruanda, com Cr$ 50.000,00, doação esta igual à da Cabana Tupinambá. Em compensação as cabanas da Estrela Branca, de Rei Guiné e Tupi das Matas, estão todas na casa de 20 mil cruzeiros.

Os centros

O mesmo padrão alheio aos merecimentos atuou nos centros. Enquanto o Centro Espírita de Canajá teve direito a 20 mil, o de Pai Jacó só ganhou a metade. Mas o Centro do Caboclo Sete Rondas foi bem aquinhoado, com 90 mil. Superaram-

-no, entretanto, o Centro Caminho da Luz (Cr$ 100.000,00) e o da Casa de Jurema, que a todos superou, com a espetacular doação de 200 mil cruzeiros.

As tendas

Já das tendas a mais feliz foi a Urucutum, que os vereadores julgaram digna de Cr$ 100.000,00. As dos Caboclos Roxo e Pena Branca tiveram orçado em Cr$ 25.000,00 o seu serviço de comunicação entre os seres sobrenaturais. Os Caboclos Sete Cachoeiras e Araguaci, evidentemente um tanto desprestigiadas, não fizeram jus a mais de 20 mil cruzeiros cada. Entre os caboclos, o mais considerado é o Rompe Mato, merecedor que foi de Cr$ 70.000,00, 40 mil a mais do que os concedidos à Tenda Urubatão da Guia.

A prefeitura, para pagar essas e outras despesas, terá que aumentar o Imposto de Vendas e Consignações de 2,7% para 4%.

FIRME ATITUDE DE DOM JOSÉ SOARES, BISPO DE SANTOS, CONTRA A UMBANDA

Jornal do Dia, **n. 3187, 28 de setembro de 1957**

Santos, 26 – Pastor seguro na condução de seu rebanho, que é o objetivo maior de seu desvelo e sobre o qual vigia sem descanso, Dom Idílio José Soares, bispo de Santos, no uso da autoridade de seu ministério sacerdotal, reclamou o uso indevido das imagens católicas em sessões de Umbanda e outras, em que os símbolos sagrados da Igreja Católica ficam expostos aos sacrílegos de ritos profanos.

Da atitude firme, porque consciente, de sua Excelência Reverendíssima, promanou o despacho preso da Justiça que, reconhecendo ao impetrante o legítimo interesse, acolheu seu protesto, estudou-o à luz do Direito, deferindo favoravelmente. "Cremos lícita a ação policial" acordou o *São Paulo*[41], "para evitar e coibir abusos que se verifiquem na exteriorização dos cultos, com invasão do rito próprio de outra religião". O parecer foi apresentando ao Secretário de Segurança do Estado

41 Jornal da Arquidiocese de São Paulo.

que, sobre aprová-lo, determinou providências "para que fosse distribuído às delegacias de polícia da capital e do interior".

A iniciativa de Dom Idílio deve ser conhecida não apenas de seus diocesanos, nem somente de seus co-estadianos, porque dela precisam tomar ciência todos os que se dizem católicos, no meio dos quais e infelizmente haverá gente ainda com atitude passiva a que os fiéis não se podem permitir. As imagens são a representação da Divindade e dos Santos e como tais, ainda assim, cumpre sejam consideradas veneráveis por meio de um cerimonial em que se invocam graças especiais que as possam tornar objeto de veneração. A consagração, pois, no caso é um dom só outorgável pela Igreja Católica, a única que a despeito das reações iconoclastas e porque dispõe de uma interminável alça, quando sua sabedoria aconselha e determina um deles à glória eterna dos altares. Sem sua consagração não são veneráveis; quando assim feito não devem estar fora dos lugares que lhes foram destinados, não se compreendendo, portanto, nem a atitude dos que as adotam desautorizadamente, como não se admite a transigência dos fiéis católicos que assistem a desrespeitos tais sem protesto.

A reação do digno bispo de Santos não representa só advertência quanto ao uso indevido dos símbolos sagrados porque antes, indica de forma segura e varonil aos rebanhos da Igreja, como são invioláveis as coisas do Senhor.

ONTEM OS SOCIALISTAS, AGORA A UMBANDA

Jornal do Dia, n. 3482, 23 de setembro de 1958

Carta publicada, à pedido, no referido jornal pela Sociedade Espírita de Umbanda Nossa Senhora da Aparecida, conclamando os umbandistas a votar em Moab Caldas, que seria eleito em 3 de outubro de 1958 para a Assembleia Legislativa do Estado do Rio Grande do Sul.

SOCIEDADE ESPÍRITA DE UMBANDA N. S. APARECIDA
FILIADA À UNIÃO DE UMBANDA DO RIO GRANDE DO SUL
Rua Secular, 433 – Passo da Areia

Caro irmão.

A nossa Sociedade é filiada à União de Umbanda do Rio Grande do Sul, órgão que congrega mais de 400 sociedades umbandistas.

O Presidente do Conselho de Orientação Espiritual da União e Diretor da Hora Umbandista, é o dileto e culto irmão Moab Caldas, elemento assaz conhecido no ambiente espiritualista de todo o Brasil.

Havendo o clero (padres da religião católica) organizado um movimento contra a Umbanda, em todo o país, alertados foram os espiritualistas da necessidade de se congregarem politicamente, indicando nomes ao sufrágio das urnas, a fim de que, nas Assembleias populares, como ensina a Constituição, houvesse representantes de todas as classes e religiões.

Ora, a Umbanda não é só religião. É também um grande movimento social e que precisa organiza-se.

Duzentos e poucos chefes de terreiro reuniram-se e impuseram à União de Umbanda a indicação do nome de Moab Caldas para a Assembleia Legislativa do Estado, e a União fez nesse sentido uma proclamação pelo rádio.

Quando da escolha do nome de Moab Caldas – o PSD mandou imediatamente a sua legenda de sorte que, foi assim, que nosso irmão passou a integrar esse Partido. Como foi este, poderia ser outro qualquer Partido. Mas o compromisso que o irmão Moab Caldas tem, é com a Umbanda, com os umbandistas, por quem foi indicado. Este foi um assunto debatido com mais de mil (1000) pessoas, em diferentes tendas – o assunto do Partido, e todos concordaram que tinha que ser assim mesmo, pois não se poderá por fora a legenda. Por isso e, especialmente, por se tratar de um Diretor de trabalhos espirituais é que nós, de forma apartidária, apelamos para os distintos confrades, no sentido de apoiarem este dedicado irmão que, além do mais, se for eleito com expressiva maioria de votos, como se pretende, será empossado como deputado, FARDADO COM SUAS GUIAS. Isso será uma glória para todos nós, umbandistas de linha de combate. Pedimos ao irmão que medite nisto, consulte os seus guias e verá que temos razão.

Jornal do Dia, n. 3484, 25 setembro de 1958

A carta anterior foi publicada novamente em 25 de setembro de 1958. Apresentamos os comentários publicados pelo jornal, a pedido dos católicos.

Comunicamos ao leitor que temos conhecimento da circular acima, que foi impressa e espalhada aos milhares pelo Estado.

Primeiro a Frente Democrática aceitou o apoio e os votos do Partido Socialista. Inclui Cândido Norberto e outros socialistas entre os seus candidatos a deputado. E, agora, estende a mão e faz acordo com a Umbanda. Basta ler esta circular.

O Papa Leão XIII, na Encicla *Rerum Novarum*, condena tanto o comunismo que é o socialismo revolucionário, como o simples socialismo, que pretende o mesmo fim, sob a forma mitigada. Diz SS que os filhos da Igreja não ousem, seja debaixo de que pretexto, filiar-se, na seita abominável (do socialismo), nem favorecê-la. É o caso. Estão favorecendo os socialistas. O Episcopado Rio-grandense na Orientação Eleitoral de 28 de maio último declara que são inimigos da Religião os candidatos associados a ideologia, grupos ou organizações hostis à Igreja. O Senhor Arcebispo de Porto Alegre, a 29 de junho último, condenou a política de mão estendida, tanto ao comunismo como ao socialismo, chamando a este de forma mitigada do marxismo. URRS – quer dizer União das Repúblicas Socialistas Soviéticas.

Queiram ou não, os interesses politico em causa, tudo isto, além de seus aspectos morais, envolve uma questão doutrinária fundamental para a Igreja. Ninguém pode fazer o bem, quando faz causa comum, anda de braço dados, ajuda e fortalece os agentes do mal.

Quem não conhece Cândido Norberto, o que tem feito e dito pelo rádio? Basta citar que em seus programas de rádio tem feito até ironias e deboches sobre as devoções católicas. Esteve na Rússia a convite do Partido Comunista e de lá voltou russófilo, fazendo propaganda da URSS. Se Cândido Norberto não entrasse na chapa do PL, não se manteria na Assembleia, porque o Partido Socialista não alcançaria número de votos necessários para eleger um único candidato nestas eleições.

E na chapa do PL ele se elegerá decerto, porque fazendo 5 ou 5.000 votos, ficará acima dos mais votado, entre os libertadores e possivelmente de católicos (inclusive até de Brito Velho), para manter Cândido Norberto na Assembleia. De outra parte, o PSD está patrocinando a eleição de Moab Caldas para deputado estadual, com a inclusão de seu nome na sua chapa de candidatos, nos termos do acordo que realizou com a Umbanda, conforme nos relata a circular publicada.

O PDS poderia oferecer a sua legenda à Umbanda sem ouvir os seus candidatos a Govenador e ao Senado? E a Frente Democrática ao aceitar o apoio do Partido Socialista? O PL por sua vez, teria deixado de ouvir Brito Velho ao incluir o socialista e inimigo declarado da Igreja, Cândido Norberto, na sua chapa de deputados?

De Perachi, por motivos óbvios, ninguém deve esperar uma explicação. Brito Velho, porém, tem o dever de tomar uma atitude. Pois do contrário, estará ludibriando as pessoas de boa fé, inclusive os que defendem o seu nome. E aqui não são palavras não apenas uma publicação política. São fatos e documentos.

(Mandado publicar pelos seguintes rio-grandenses, católicos de fé e de proceder: Antônio Pires, Ney Bastos, José Américo Ferreira, Jacob Schaan e outros).

NOTA: Há dois dias publicamos a matéria acima. Até agora, os Senhores Perachi e Brito Velho não vieram a público dizer que repudiam a Umbanda, que o que foi dito acima não lhes afeta. O silêncio os compromete. E a pergunta continua de pé: Teria a o PSD, partido de Perachi, feito acordo com a Umbanda sem ouvir seus candidatos a Senador e a Govenador? Que respondam se puderem.

A seguir, outra publicação no mesmo jornal, a pedido.

Jornal do Dia, n. 3485, 26 setembro de 1958

Perachi e Brito Velho umbandistas? Ridículo!

O ridículo de certas publicações políticas de última hora beira as raias do histerismo.

De marcante histerismo é a pergunta CONFIRMADAS AS

LIGAÇÕES DE PERACHI E BRITO VELHO COM A UMBANDA?

Porque a pergunta? Um grupo de católicos a fez. Melhor, quatro católicos (que assinaram). Ou aqueles quatro senhores perderam a razão, ou agem dentro de escandalosa má fé.

A pergunta nasce dos termos de uma circular da Sociedade Espírita de Umbanda Nossa Senhora Aparecida concitando seus filiados e os umbandistas do Rio Grande do Sul a votarem no Senhor Moab Caldas, do PSD.

Ora, todos os gaúchos sabem que os partidos políticos do Brasil são partidos liberais, neste sentido que não indagam das convicções religiosas de seus filiados. Não indagam e ignoram. Assim, tanto no PSD, como na UDN, como no PTB etc., há filiados de todos os credos e há candidatos de todas as religiões.

Não cremos que alguém tenha o direito de impedir a candidatura de umbandistas pelo simples fato de se umbandista. O que importa é que os católicos não votem neles, que os católicos não façam propaganda, que os Senhores Perachi de Barcellos e Brito Velho não tenham compromisso com o candidato umbandista.

Aquele grupo sabe de algum fato que comprove as ligações? A carta da Umbanda nem seque cita o nome dos dois candidatos da Frente Democrática. Apenas diz que o PSD concedeu a legenda. É claro que o PSD pode oferecer sua legenda, sem ouvir os candidatos ao Governo do Estado e ao Senado. Só o grupo não sabe nem quer saber.

O grupo dos "quatro e outros", colocando a pergunta que colocaram, tornam protestante um católico que recebe o apoio de um protestante, tornam um católico conservador, que é considerado decente por um socialista, tornam divorcista um candidato que recebe o apoio de um divorcista?

E por isso, sendo positiva a resposta daquele grupo, o Senhor Leonel Brizola é protestante, é socialista (por ligações com o Senhor Pedro Alvares – um pouco mais que socialista – comunista), é divorcista (porque o Senhor Rui Ramos é o Grão-Chefe do Divorcismo no Rio Grande do Sul). Acresça-se a isso as declarações pró-reatamento das relações com a URSS e pró-legalização do Partido Comunista Brasileiro (na sabatina da AC houve angu a respeito) e temos o Senhor Leonel Brizola comunista.

Mas, o Senhor Leonel Brizola deve se umbandista também, conforme a pergunta e argumentação do grupo aquele.

O Senhor Abio Hervé concorreu à vereança, pelo PTB, quando o Senhor Leonel Brizola concorreu à Prefeitura. Posteriormente, o Prefeito Leonel Brizola convidou o Senhor Abio Hervé para Diretor do Departamento Municipal da Casa Popular e, mais tarde, para Secretário da Fazenda, caro que ocupa atualmente. Quem é o Senhor Abio Hervè? Um dos mais altos dirigentes da Umbanda do Rio Grande do Sul.

O Senhor João Marques da Rosa, à mesma época, foi candidato a vereador, pelo PTB, distribuindo boletins semelhantes ao de Moab Caldas. Não sendo eleito, o Prefeito Leonel Brizola o convidou para Oficial de Gabinete. As ligações do referido senhor coma Umbanda são notórias.

O Senhor Pessoa de Brum, vice-líder do PTB na Câmara Municipal, em 1957, é autor do célebre Projeto Curandeiros, que o Prefeito Leonel Brizola vetou, mas veto que, pela primeira vez, a Câmara não acatou.

O Senhor Adylio Martins Viana é candidato à reeleição à Câmara Federal, pelo PTB. Em 1957, o ilustre parlamentar solicitou auxílio federal para as seguintes entidades espíritas:

RIO GRANDE – Associação Hospital Espírita Gayubo Rache, União Espírita do Rio Grande, Sociedade Espírita Reino de Santa Bárbara, Sociedade Espírita Miguel Vieira de Novais; MARCELINO RAMOS – Grupo Espirita Amigos da Verdade; PORTO ALEGRE – Hospital Espírita, Sociedade Espírita Francisco de Monte Alverne, Sociedade Espirita Francisco Xavier, Centro Espírita Amigo Germano. E a lista continua, por outros municípios.

Mas nós não afirmamos que o Senhor Leonel Brizola é umbandista, nem mesmo que é comunista. O Senhor Leonel Brizola é apenas um falso trabalhista. Melhor. Um trabalhista milionário que enganou ou operários.

Os Senhores Perachi de Barcellos e Brito Velho não precisam responder à pergunta. Os que a colocaram já a responderam.

Ademais, basta a declaração do Senhor Arcebispo Metropolitano: "Reputo como a mim dirigidas as inventivas que o Senhor Luiz Carlos Prestes proferiu contra o eminente Professor Carlos de Brito Velho e recomendo, viva e empenhadamente, a todos os católicos pertencentes à Coligação Partidária, que tem por candidato, concorram às urnas com maior ardor ainda, sem abstenções comodistas.

Imaginem, Dom Vicente Scherer exaltando o nome de um umbandista! Imaginem um eminente líder católico (Brito Velho) de mãos dadas com um umbandista (Perachi de Barcellos).

Senhores do grupo, não percebestes o ridículo? Aliás, um de vós, como ex-estudante de filosofia, deveria raciocinar melhor. Deveria saber que a conclusão não pode ser maior do que as premissas. (Mandado publicar pela Frente Democrática).

CAXIAS JOGA BÚZIOS PARA QUE SANTO INDIQUE SUCESSOR DE JOÃOZINHO DA GOMÉIA

Ultima Hora, **29 de março de 1971**

Niterói (Sucursal) – Os búzios indicarão hoje, em Duque de Caxias, o sucessor de Joãozinho da Goméia, de acordo com a decisão do Comissário Antônio Mota, da Delegacia local, que se diz credenciado por Dona Maria Vitorina Torres, mãe do babalaô.

Segundo comunicado distribuído pelo "alto comando" do terreiro, a escolha através da "vontade do santo" foi adotada para evitar que se estendesse a crise naquele centro de Candomblé. Apesar disso as confabulações continuam nos bastidores, com os candidatos a babalaô trabalhando intensamente junto aos aparelhos.

Testamento

Durante a sessão, que contará com a presença de todos os candidatos à chefia do terreiro, será aberto o cofre onde está guardado o testamento de Joãozinho da Goméia. O Comissário Mota, que assegura ter delegação de poderes da família do babalaô morto, está tomando as providências para que tudo corra em ordem e dentro da maior lisura.

O paulista Benedito Alves de Almeida, que cuidou de Joãozinho da Goméia durante a sua enfermidade, disse que renunciará, caso seja escolhido, porque tem muitos compromissos em São Paulo, onde mora.

Com missa celebrada por missionários da Igreja Católica Brasileira, encerram-se hoje as prolongadas cerimônias fúnebres a Joãozinho da Goméia.

GUERRA NA GOMÉIA COM FURTOS DE SANTOS DE JOÃOZINHO DA GOMÉIA

Diário de Noticias, **n. 14933, 04 de abril de 1971**

Roubaram os santos de Joãozinho da Goméia e os baús de Oxalá, Iansã, Obaluaiê e Oxóssi e foram violados para a pratica de furtos de roupas, colares e pratarias das entidades.

O prejuízo foi avaliado em cerca de Cr$ 15 a 20 mil, sendo a preocupação maior da Mãe de Santo Ileci, segunda pessoa do terreiro, assim como os ogans, é o de recuperar os santos roubados juntamente com os seus materiais de fundamento, a fim de criar o museu do Pai João da Goméia.

Figura 31: Filhas de santo do Terreiro de Joãozinho da Goméia, chorando a perda do seu babalaô, ornamentam com flores o conga para os rituais do axexé

Ganância

O ogan confirmado, José Santos Torres, acredita que o motivo do roubo está na ganância de pessoas que, apesar de serem da casa, pretendem se apoderar da tradição deixada pelo falecido Joãozinho, com o objetivo de auferir lucros e vantagens. Deixando em troca, um terreiro vazio e em decadência, em um desrespeito e em uma violação dos preceitos da seita.

Por sua vez, a Mãe de Santo Ileci diz: "Querem acabar com a Goméia. Quem roubou Oxalá, Iansã, Oxóssi, Obaluaiê e até os 13 Exus foram as mesmas pessoas que me expulsaram da casa do Pai João, onde vivi 29 anos".

O tesouro

Na área que circunda o terreiro, foi plantada em tempos atrás uma raiz de rouco – própria para banhos de descarga – o rouco foi arrancado: fizeram escavações no local, em busca do tesouro, que segundo se acreditava Joãozinho da Goméia teria escondido. Dona Ileci conta o fato, mas prefere não citar nomes, esclarece que "pessoas da casa" perderam o sentido da fé e estão abusando de uma autoridade arbitrariamente adquirida. O ogan José Torres lembra que todos esses acontecimentos estão ligados ao fato de se ter feito uma escolha apressada do substituto de Joãozinho da Goméia.

Duas correntes

Na Goméia, o que existe fato, segundo os próprios ogans, que é a divisão em duas correntes contrárias. A primeira corrente do ogan Valentim, que elegeu a Mãe de Santo Sandra Regina, de apenas nove anos de idade, que só poderá ter poderes para reinar aos 21 anos.

A segunda corrente é a que se prende à tradição ficando com a Mãe Pequena, ou Mãe Ileci e tendo por Pai de Santo o Raimundinho, que deveria ser o substituto de Joãozinho.

Dona Ileci diz, a titulo de observação, mas com uma inflexão na voz que denuncia aviso: "Eles estão fazendo muita coisa errada, mas em meio aos erros, a morte já levou delas uma filha de santo e um ogan. Não custa muito e mais morte poderá baixar".

JUIZ ACEITA A ESCOLHA DE MENINA COMO SUCESSORA DE JOÃOZINHO DA GOMÉIA

***Jornal do Brasil*, n. 307, 05 de abril de 1971**

Niterói (Sucursal) – O Juiz de Menores de Duque de Caxias, Senhor Eduardo Peres Carnota, afirmou ontem que não vai intervir na escolha da menina Sandra Regina Reis dos Santos como sucessora de Joãozinho da Goméia porque o problema tem implicação apenas religiosa, "no qual tem de ser respeitada a liberdade de culto".

A decisão foi anunciada após uma série de diligências realizadas entre os membros do terreiro de Candomblé, quando ficou determinado que a atuação da menor terá apenas caráter simbólico até completar a maioridade. O magistrado fez ainda restrições à participação de Sandra em cerimônias noturnas ou rituais de matança e sacrifícios de animais.

Missão

Apesar de Sandra ter sido escolhida, através de jogo de búzios, a sucessora, com todas as prerrogativas, de chefe do terreiro, os próprios dirigentes da seita haviam decidido que os trabalhos religiosos seriam realizados pelo ogan Valentim, por ser o mais antigo filho de santo de Joãozinho da Goméia.

A missão da menor, segundo explicações do Comissário Antônio Mota, da Delegacia de Caxias, que também é membro do terreiro, seria inicialmente figurar como substituta simbólica até que atingisse a maioridade. Durante este período Sandra deveria limitar-se a aprender os segredos do Candomblé e a adquirir a confiança dos clientes.

Impasse

O Juiz de Menores, entretanto, determinou que fossem ouvidas todas as pessoas ligadas à direção do terreiro, além dos responsáveis pela menor, a fim de apurar as atribuições impostas pela seita.

Depois de um exame minucioso do assunto, segundo afirmou, o Juiz Eduardo Peres Carnota decidiu autorizar a per-

Figura 32: Saída do cortejo fúnebre de Joãozinho da Goméia. *Jornal do Brasil*, n. 295, 22 de março de 1971

manência de Sandra à frente do terreiro, "desde que a missão não provoque implicações de ordem moral e psicológica contra a sua personalidade".

A sucessora

A menina Sandra Regina Reis dos Santos, escolhida como sucessora de Joãozinho da Goméia no dia 28 de março, nasceu no próprio terreiro de Candomblé, aonde sua mãe, Dona Odalice Bento dos Reis, mora desde que veio da Bahia, trazida por Joãozinho da Goméia.

Mistério

Todas as cerimônias não podem ser divulgadas em detalhes e só tem a participação do filhos de santo escolhidos pelo babalaô Paulo Sérgio Nigro, que substitui Joãozinho da Goméia desde que este adoeceu.

Nas cerimônias mais importantes, haverá sempre sacrifícios de animais, escolhidos no jogo de búzios, com que se determinam quais as obrigações ainda necessárias. Os toques de agerê e darô dos atabaques chamarão os Orixás Iansã e Oxóssi em cada festividade.

Substituto

Somente após a festividade de sexta feira próxima – o dia do carrego – é que será indicado através do jogo de búzios, o substituto de Joãozinho da Goméia, o que será responsável por seu terreiro. Terá que ser um filho de santo seu, antigo seguidor da seita.

O médico Antônio Monteiro, também filho de santo do Rei do Candomblé, pedia a todos, ontem, que cumprissem um dos seus últimos desejos: a manutenção de seu terreiro e das suas obras de caridade.

Imagem

Filho de santo de Jubiabá – maior babalaô da Bahia, já morto – ou Tata Londira, seu nome na seita, João Alves Torres Filho, o Joãozinho da Goméia, deixou para os seus seguidores a imagem de um homem caridoso e voltado inteiramente para o Candomblé, ao qual dedicou sua vida.

GOLPE NO CANDOMBLÉ

Texto de Moacyr Jorge

O Cruzeiro, **n. 21, 26 de maio de 1971**

Autorização de DA Press

Ao denunciar como farsa o jogo de búzios realizado por Tião Irajá, na Guanabara, o filho de Joãozinho da Goméia, Rei do Candomblé, provocou o processo de anulação da escolha da menina Sandrinha, como sucessora daquele que foi o maior Pai de Santo brasileiro.

José dos Santos Torres, motorista de táxi em São Paulo, manteve-se em silêncio, desde a morte do pai, fazendo contatos com outros Pais de Santo e preparando a campanha para invalidar aquela decisão.

Tião de Irajá recusa-se a jogar novamente, não dando importância às acusações de que, por três vezes, o jogo fora positivo e não podia apontar ninguém para o cargo.

Figura 33: Joãozinho da Goméia. *O Cruzeiro*, n. 21, 26 de maio de 1971. Autorização de DA Press

Legitimidade

Filho de Joãozinho da Goméia e de Balbina Santos que com ele trabalhava em São Caetano, na Bahia, e que morreu do parto sem registrar o filho – José dos Santos Torres foi legitimado por seu pai e considerado como filho verdadeiro até morrer.

Educado em colégio católico na Guanabara, como interno, casou-se e passou a trabalhar no INPS:

– Meu pai não tem sucessor, até agora, pois os quatro búzios que faltavam a Tião de Irajá foram arranjados de outro jogo. Incompleto, o jogo não poderia ser legal, mesmo completado por outro. O verdadeiro, de Joãozinho da Goméia, está comigo.

– Mas a grande irregularidade foi o desrespeito aos axexés (afastamento dos Exus). Sem o término daquelas cerimônias, esse jogo não poderia ter sido anunciado como válido.

O primeiro axexé teve lugar em Caxias, no mesmo terreiro onde Joãozinho da Goméia se tornou famoso diante de personalidades de todos os Estados, que iam ali procurá-lo para uma consulta.

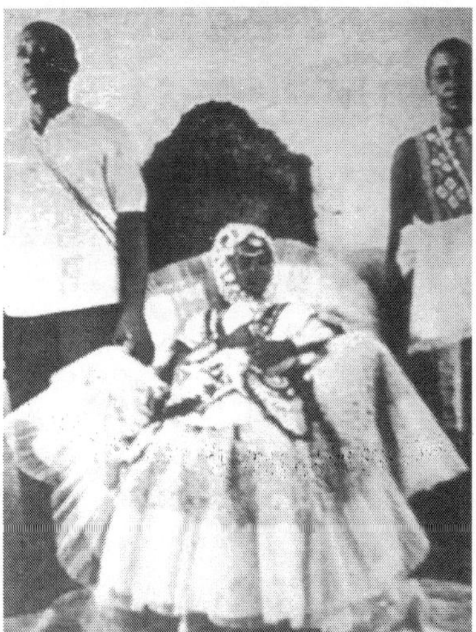

Figura 34: Sandrinha – Sucessão contestada. *O Cruzeiro*, n. 21, 26 de maio de 1971. Autorização de DA Press

O segundo, em São Caetano (Salvador), levou centenas de filhos de santo ao Terreiro da Goméia a fim de participarem do ritual, no local em que ele ficou sendo Pai de Santo. O terceiro axexé será em Caxias, dentro de 30 dias.

O axexé

Confirma José Torres que só depois de completada a série de axexés, poderão ser jogados os búzios – com número completo – que indicarão quem substituirá Goméia no Candomblé. E explica como funciona:

– Os filhos de santo, durante a cerimônia, dançam, cantam e jogam água para afastar os Exus ou espíritos maus. Em um período de oito dias, invocam os santos e pronunciam o nome do morto, para que seu espírito (egun) não fique em andanças pelo mundo dos vivos.

– Para os que conviveram com Joãozinho da Goméia, o axexé é bastante dramático, porque enquanto cumprem o ritual esperam que seu espírito não os abandone.

Embora o axexé final esteja sendo presidido por Samba de Amungo, no trigésimo dia os padres da Igreja Católica Brasileira, Dom Antônio da Silveira e Dom Hugo Bastos Lino, celebrarão missa pela alma do Pai de Santo.

Jogo da verdade

O sucessor do Rei do Candomblé terá seu nome apontado no jogo presidido por João Batista Barbosa de Andrade, de São Vicente, São Paulo, conhecido como João de Oxum, Pai de Santo de Joanice de Oxóssi, diretora espiritual do Terreiro de Candomblé Índio Curuzu e Caboclo Lage Grande, na Vila Guilherme, bairro paulista.

– Ali, a meu convite, estarão reunidos os chefes de Candomblé, em São Paulo, para anular, oficialmente, o jogo de búzios do Rio. E, nessa ocasião, surgirá o sucessor do rei.

ENCONTROS DESENCONTROS DE INFORMAÇÕES

Como vimos nas matérias anteriores, as controvérsias estão presentes todo o processo de sucessão. Rodrigo Pereira[42] cita que outra fonte afirmava que Tião de Irajá, indicado para a verificação de quem lideraria a Casa através do jogo de búzios, realizaria a consulta, mesmo que a contragosto. Isso nos indica não apenas grupos discordantes da consulta e que respeitariam o luto da Casa, mas também de que essa informação poderia ser prejudicial, pois a colocaria em confronto. Rodrigo cita Lapoente:[43]

> Sete dias depois, Tião de Irajá não queria jogar os búzios, maneira que os orixás falam aos iniciados para indicar quem herdaria o trono da Goméia. Porém, foi escolhido para realizá-lo. Segundo a própria Menininha do Gantois, só ele tinha condições de fazer o jogo naquele momento. Antes de fazer o jogo ele declarou a todos que estavam presentes que o faria sabendo que depois, dos quatro mil amigos que tinha naquele local, não lhe restaria mais de quinhentos. Disse também que o jogo seria assistido por todos e utilizou os mesmos búzios da cerimônia do axexé e fez questão, inclusive, de que os ogan e os mais velhos ficassem ao seu lado naquele momento.

Continua Rodrigo Pereira:

> Assim, é indicativo que os grupos de oposição ou de embate pelo poder já estivessem presentes antes mesmo da morte de Joãozinho, o que desloca o conflito para a fase anterior da ruptura, conforme a teoria de Victor Turner. Isso apresenta, de forma clara, que grupos agenciais já se movimentavam pelo comando do Axé, questionado sua liderança antes mesmo de seu falecimento. Conforme jornais como O Globo e Última Hora, de um lado estava Ileci da Silva, filha de Oxum e a Ialaxé da casa (pessoa que cuida dos espaços físicos e conservação dos bens do terreiro), sendo aclamada por unanimidade para a direção. De outro lado estava Ceci, ou Sandra Regina de Oxumarê, de apenas nove anos, a qual foi indicada pelos búzios como sucessora. Outras fontes confirmam o noticiado pelos jornais: Para surpresa os búzios indicaram Seci Caxi, Sandra Reis dos Santos, filha carnal de Kitala Mungongo,

---

42 *Sucessão e liminaridade: o caso do Terreiro da Goméia.*
43 *A luta pela Goméia e o resgate da História.*

Adalice Benta dos Reis e de Demivaldo dos Santos, um sargento da marinha. Espiritualmente Sandra era filha de Angorô, o Oxumarê Nagô, representado por uma serpente e o arco-íris, As entrevistas de Pereira et al (2012) não conseguiram êxito em elucidar essa situação. Contudo, os jornais da época nos são indicativos de que ela já existia. Assim, estas publicações configuram-se como uma arena na qual interesses de jornalistas, redatores, proprietários dos veículos de imprensa, assim como os grupos de interesse na liderança da casa influenciavam direta ou indiretamente na forma como as matérias eram redigidas, dispostas no periódico e publicadas. "Sandra nasceu dentro da Goméia no dia primeiro de novembro de 1961. Seu João da Goméia foi quem fez o parto. A recém-nascida, além de ter sido cercada de cuidados, tomou banho de sete dias na bacia de Iansã. Quando estava com apenas um mês de nascida foi retirada do colo de sua avó pelo Oxóssi de Pai João que a tomando nos braços, levou-a até o meio do ariaxé[44]. Embrulhou-a então com axoxó[45] e depois suspendeu o bebê, devolvendo-o à avó. No dia 14 de julho de 1961, com oito meses de vida Sandra teve de ser raspada por motivos de doença. Seu nome passou a ser Seci Caxi e Seu João além de padrinho de batismo, passou a ser zelador de Santo dela" (Lapoente).

Lapoente cita: Ela só tinha nove anos de idade. Com isto, começou a briga pelo poder na Goméia e Tião foi acusado de forjar o jogo e teve de se defender em jornais. Apesar de na época ter sido filmado e transmitido pela televisão, ignoraram os fatos. Oxóssi, Iansã, Omolu, Oxalá e Oxumarê responderam e bateram cabeça. Sandrinha foi carregada e colocada no trono, sem que ninguém fosse contra a isso, naquele momento.

Rodrigo Pereira diz ainda:

Como conflito já estava instalado, já que o Juiz de Menores de Caxias não havia permitido que uma menor assumisse o comando do terreiro, Gitadê (filho de santo de Joãozinho ao qual foi ao encontro quando de sua morte, residente em São Paulo),

44 Nome dado a um lugar isolado onde os praticantes da religião se recolhem para obrigações.
45 Milho vermelho.

rompe com a casa e se transfere, seguido de Ileci e mais alguns filhos de santo do terreiro, para sua própria Casa. Em terras paulistas ele dá continuidade a seu terreiro, assumindo a denominação de Terreiro da Goméia de São Jorge.

Figura 35: Joãozinho da Goméia. Foto de Badaró Braga. *O Cruzeiro*, n. 22, 17 de março de 1956. Autorização de DA Press

Em função de todos esses confrontos Sandra Regina decidiu não assumir o comando do Terreiro. Após a cisão, o Terreiro da Goméia continuou passando mais rupturas, o que o levou ao abandono e fechamento em 1983. Em 2012 as pesquisas de Rodrigo Pereira registraram que o antigo terreiro se tornou um campo de futebol e área de descarte ritual de objetos dos cultos afro-brasileiros, possuindo ainda algumas estruturas do antigo Axé. Em 2015 ele, como parte de sua pesquisa de doutorado, participou das escavações no terreno onde ficava a casa de João Alves Torres Filho, o Joãozinho da Goméia, Rei do Candomblé.

Outra versão para o fim da Goméia é descrita por Lapoente:

No fim do mesmo ano Tião faleceu. Começou a disputa, Deuanda, Miguel Grosso, Odecoiaci, Samba de Amongo, Ogejican, Ilecy e Dundum Ame. Paulo Sergio Nigro, que ficou a frente da Goméia enquanto seu João esteve doente, lutavam pelo direito do trono. José Santos Torres, filho adotivo de seu João denunciou o roubo das peças dos Santos: Oxalá, Iansã, Oxóssi, Obaluaiê e treze Exus. Janelas, telhas e madeiras eram levadas como lembranças do que foi a Goméia do Rio. Sandra morava com a madrinha no bairro de Copacabana no Rio de Janeiro. Sua mãe temia pela vida dela na luta do poder. E bom lembrar que na maioria dos artigos e matérias de jornais o nome de batismo de Seci Caxi é apresentado como Sandra Regina dos Santos. Na verdade seu nome de batismo e Sandra Reis dos Santos. O nome era alterado pelos parentes e amigos temendo que fizessem feitiçaria contra ela, utilizando o nome original. O Professor José Ribeiro de Souza, do palácio de Iansã, passou a utilizar o título de "Rei do Candomblé" nomeado por um conselho sacerdotes com mais de 50 anos de iniciação na religião, presidido por Tancredo da Silva Pinto. A briga passa a ser entre duas correntes, a de Ogan Valentim, do lado de Sandra Reis dos Santos e do outro lado, Mãe Ilecy tendo como escolhido Raimundinho. A luta pelo poder e a lenda do tesouro enterrado na Goméia, fez com que as atividades do centro fossem encerradas em 1983.

MACUMBA NO BATALHÃO

Renato Machado

Extra, 3 de janeiro de 2014

Farofa, galinha, vela e farda azul

Um despacho de macumba foi deixado, há cerca de uma semana, na porta do gabinete do comandante do Batalhão de Choque da Polícia Militar, tenente-coronel Márcio de Oliveira. Em um pequeno papel, em cima do "trabalho", estava o nome do oficial escrito. A informação é de policiais da unidade. Ainda segundo os PMs, após o episódio, o comandante determinou que um agente ficasse 24 horas na porta de sua sala, fazendo a "segurança" do local.

Figura 36: Charge retratando o episódio. *Extra*, 3 de janeiro de 2014

O tenente-coronel tem sido alvo de frequentes reclamações da tropa. Policiais do Choque denunciaram, semana passada, que o comandante ignora a suspensão do Regime Adicional de Serviço (RAS) – o bico oficial da PM – compulsório, determinado pelo comando da corporação, e escalas policiais em seus dias de folga. Os PMs da unidade reclamam ainda de terem que ficar de plantão no antigo Museu do Índio, no Maracanã, alvo de invasões.

– Tem muitos abusos acontecendo aqui. Nem água gelada temos mais. Ele (comandante) cortou até o ar condicionado do rancho dos praças. Está todo mundo revoltado – denunciou um dos policiais, que não quis se identificar.

A assessoria de imprensa da Polícia Militar informou que o comando do Choque não tomou nenhuma medida repressiva contra "um ato com origem na expressão religiosa", e afirmou ainda que o comandante é católico praticante e deseja que sua religião também seja respeitada.

Procurado pelo EXTRA, o tenente-coronel Márcio Rocha afirmou, por telefone, que não comentaria o episódio do despacho, sem confirmar se ele havia ocorrido ou não.

CODÓ: FOTO DE DEPUTADOS É ACHADA EM DESPACHO QUE MACUMBA

http://180graus.com

28 de outubro de 2016

Um despacho foi encontrado na manhã desta sexta-feira (28/10) na periferia do município de Codó (MA), que fica a 176 km de Teresina. O curioso é que no meio de galinhas pretas mortas com os pés amarrados e charutos, estava uma página impressa que continha a foto dos deputados estaduais piauienses Robert Rios (PDT), Marden Menezes (PSDB) e Rubem Martins (PSB).

Os políticos representam a oposição mais 'ferrenha' na Assembleia Legislativa do Piauí contra o Governo do Estado. Robert já se manifestou sobre o caso e disse que tudo isso é para destruir a oposição, mas que macumba não pega nele porque tem o corpo fechado e é cristão.

Codó é famosíssima por causa das religiões de matriz africanas e os rituais religiosos, além de ser a cidade do respeitado "Pai de Santo" Bita do Barão, que recebe gente do mundo todo, principalmente políticos...

Quem teria encomendado o despacho para o trio?

VITÓRIA DEMITE PAI DE SANTO

http://anotandofutbol.blogspot.com.br

Esta matéria de 1977 relata a demissão do Pai de Santo Bobosa pelo Esporte Clube Vitória da Bahia.

O velho Pai de Santo Bobosa, que segundo alguns foi o verdadeiro responsável pelo Campeonato Baiano, ganho pelo Vitória em 1972, mas que nunca mais conseguiu nenhum título para o clube, será despedido. Para o seu lugar o Vitória contratou o psicólogo italiano – mas radicado há 54 anos na Bahia – Giusepe Mazzoni, que aplicará nos jogadores a técnica da Sofrologia para que eles aliviem a tensão, esqueçam problemas extracampo e, consequentemente, produzam mais.

O psicólogo, que fez sucesso aplicando o método no time

de basquete da Associação Atlética da Bahia – campeã do ano passado – acompanhará os jogadores no Campeonato Nacional em sessões coletivas nas concentrações e, individualmente, caso seja solicitado. A Sofrologia, segundo ele, serve para relaxar a mente e o corpo, e liberar as angústias, neuroses e conflitos.

Macumba atrapalha

A decisão de substituir o Pai de Santo Bobosa pelo sofrólogo foi tomada pelo presidente Rui Rosal, baseado em uma conclusão sua "de que macumba só atrapalha", mas, mesmo assim, encontrou reação em diversos setores do clube que queriam a manutenção do "herói de 1972", mas esquecido depois, com as sucessivas derrotas do Vitória.

Segundo o professor Mazzoni, a aplicação da Sofrologia em futebol no Brasil será uma atitude inovadora do Vitória, acrescentando que o método já há alguns anos é usado com sucesso na Europa. Destacou entre as equipe que o utilizam, ou utilizaram, o Marseille da França e a Seleção da Alemanha Ocidental quando foi campeã mundial em 1974.

A aplicação da técnica foi bem recebida entre os jogadores que foram, segundo o presidente Rui Rosal, responsáveis também pela contratação do psicólogo. Wilton foi um dos que acharam muito boa a ideia, lembrando que, durante o seu período no Fluminense do Rio, já se fazia trabalho psicológico, embora não com a técnica da Sofrologia.

O professor Mazzoni é catedrático da Universidade Federal da Bahia, um dos representantes da Sofrologia Médica no Brasil, foi vice-presidente de um congresso do gênero em Barcelona, Espanha, e convidado especial do congresso de Medicina Psicossomática, realizado em Roma Itália, em 1975. É também membro do alto conselho permanente de Sofrologia Mundial e da Escola Superior de Sofrologia na Faculdade de Medicina de Barcelona.

RESERVA MACUMBEIRO É DEMITIDO DO BAHIA

http://anotandofutbol.blogspot.com.br

Apresentamos esta matéria publicada em 1992 que dá conta da demissão de um jogador por conta de despachos contra os companheiros de equipe.

Acusado de fazer "trabalho" de Candomblé para os titulares da defesa do Bahia se contundirem e assim ele poder atuar, o zagueiro reserva Eduardo, de 24 anos, foi mandado embora ontem do clube. Os "atingidos" pelo "entrosamento" de Eduardo com os Orixás, foram pessoalmente ao presidente Paulo Maracajá pedir a saída do zagueiro, atribuindo a seus "despachos" a alta média de dois gols por partida que o time vem sofrendo no campeonato.

Coincidência ou não, as sucessivas contusões e falhas grotescas de jogadores de defesa levaram o time ao penúltimo lugar até o jogo de ontem com o Guarani. Primeiro, foi o zagueiro Jorginho, que apareceu com uma estranha dor no púbis. Depois Wagner Basílio passou a cometer faltas consideradas "infantis".

Em seguida, o lateral direito Maílson e o meio campo Gil se contundiram. A gota d'água foi o "furo" do goleiro Sérgio Néri, na derrota de 2 a 1 para o Fluminense, em um lance inimaginável, em que ele tinha a bola dominada e errou ao tentar dar um "bico", permitindo o segundo gol do adversário. Estava consolidada a crença de que Eduardo vinha fazendo "despachos" ao Exu Tranca Ruas, espírito nefasto que ajuda só em trabalhos maléficos.

Após acertar a rescisão do contrato de Eduardo, o presidente Maracajá preferiu não se arriscar a falar em "trabalhos", até porque se os zagueiros estiverem certos, agora é que o time vai desandar mesmo.

A próxima matéria do *Correio de Notícias aborda também o assunto.*

BEQUE FAZ FEITIÇO VIRAR CONTRA O FEITICEIRO

Correio de Notícias, n. 273, 19 de março de 1992

Salvador – O zagueiro Eduardo Baiano, do Bahia, comprovou na prática a velha máxima de que o feitiço pode acabar virando contra o feiticeiro. O jogador, escolhido pela imprensa como o melhor na sua posição em 1991, foi flagrado fazendo macumba no Fazendão para que seus companheiros de defesa se machucassem. Com isso, ganharia a posição de titular. Como na Bahia macumba é coisa séria, Eduardo Baiano acabou no prejuízo. A denúncia foi levada ao presidente do clube, Paulo Maracajá, que depois de comprova as atividades do jogador macumbeiro determinou seu desligamento da equipe, sendo apoiado pelos demais atletas.

Eduardo Baiano foi chamado para uma conversa com Paulo Maracajá e ficou surpreso quando o presidente do clube falou do problema. "Fui traído", reagiu o jogador, que deixou de falar com os companheiros e não quer dizer os nomes dos jogadores que o denunciaram a direção do Bahia. "Não desejo mal a ninguém e espero que todos tenham sucesso a partir de agora. Sou católico, creio em Deus e respeito muito as outras crenças. É uma pena que isso tenha acontecido quando eu estava na minha melhor forma física e técnica", lamentou Eduardo Baiano.

Paulo Maracajá propôs a rescisão do contrato do jogador, pagando-lhe o mês de março. Eduardo Baiano não aceitou, alegando que tem vínculo com o clube até 30 de julho e quer receber tudo. O único a lamentar a saída do jogador foi o treinador Procópio Cardoso, mas ele preferiu respeitar a decisão da diretoria. Procópio conversou com Eduardo Baiano e prometeu procurar um clube onde o jogador possa atuar.

OS MISTÉRIOS DA MACUMBA

Diário da Tarde, n. 17323, 17 de maio de 1951

Rio, 16 – A denuncia foi levada pela lavadeira Melantina Cardoso à Delegacia de Polícia de Duque de Caxias. A doméstica mora à Rua Getúlio Vargas, na Vila São Jorge, daquele município fluminense.

Melantina revelou um fato de fanatismo religioso, um caso parecido em alguns aspectos, com o do "Anjo", do sertão mineiro, que tanto abalou a opinião púbica.

É acusado o macumbeiro José Rosas, que concebeu uma estranha religião, mercê da qual consegue dinheiro fácil das pessoas incautas e que acreditam em suas praticas exóticas e muitas vezes criminosas.

Depois de inventar um ritual que não se assemelha as conhecidas – sejam a Umbanda e derivações de origem africana – José Rosas transferiu-se para a fazenda de Gandu em Nova Iguaçu, Estado do Rio, onde executa danças pagãs e faz curas "milagrosas", ajudado por outro chefe da seita, que atende pelo nome de Mário.

Melantina informou-nos que José Rosas é um tipo tarado, de instintos perversos. A religião que inventou tem passagens cruéis, a que se devem submeter as pessoas que praticam o ritual. Ele faz uma fogueira na mata e ordena que as mocinhas de 14 e 15 anos, por ele seduzidas, dancem seminuas em volta do fogo. As mocinhas enquanto dançam, são fustigadas com fio elétrico, e devem entoar toadas a santos imaginários.

O macumbeiro maluco diverte-se com esse paganismo selvagem. Após a dança, as jovens aliciadas por José Rosas devem pisar nas brasas e beijar o rosto do "mestre" que é ele mesmo, o macumbeiro. Segue-se uma cena de luxuria desenfreada e indescritível.

A nossa informante adiantou ainda que o macumbeiro seduziu e raptou dois filhos seus, menores que são Nézio Emídio, de 17 anos, e Margarida de 15 anos, uma bela garota de olhos verdes e moreninha. Os garotos foram seduzidos por José Rosas, que é homem dotado de poder hipnótico, podendo dirigir, através de magnetismo animal, a vontade de pessoas inexperientes e fracas. Sugestiona, e assim consegue realizar suas más intenções.

Prosseguindo em seu impressionante relato à reportagem, a lavadeira Melantina contou que o macumbeiro queima cédulas de mil cruzeiros e dissolve as cinzas em um copo com água, que bebe durante os seus esquisitos festejos.

O marido de Melantina chegou a comprar uma faca para

assassinar o macumbeiro. Não chegou a cumprir a promessa porque morreu vítima de um atropelamento, há dois meses.

SERÁ QUE OS "DESPACHOS" DE UMBANDA "PEGAM" REALMENTE?

Diário da Tarde, n. 20200, 15 de junho de 1956

Rio, 12 – O catecismo de Umbanda define Exu como Lúcifer ou Satanás, o chefe dos demônios – disse Frei Boaventura – encerrando uma conferência que pronunciou no auditório do Ministério da Fazenda promovida pela Federação Arquidiocesana.

Disse literalmente que nos terreiros de Umbanda se cultua Exu oferecendo-lhe uma série de presentes e oferendas, chamadas "despachos" e que esse culto, além de mitológico, guarda uma série de contradições.

Frei Ventura, que teve a oportunidade de estudar pessoalmente, como "cultista" e na qualidade de "paisano" os meandros de Umbanda, contesta que seja bom o princípio desses mitologistas, e foi explicando: "Os umbandistas acreditam em Deus, sabem que ele é bom e que a todos perdoa, que não faz o mal e só o bem. Portanto, quando necessitam de uma vingança, de fazer o mal a alguém, valem-se de Exu, que adorado e presenteado, também faz o bem quando quer". A seguir, Frei Boaventura diz que há Exu para tudo. Citando nominalmente o "santo" de Umbanda acentua que a variedade de nome, fez com que Exu se tornasse uma figura pluralizada. Por exemplo – cita ele – o Exu Rei, chamado de Lúcifer, raramente vem a terreiros, só indo onde se professam estudos de magia astral. Deve ser tratado como rei diz o catecismo de Umbanda, e protege a todos quantos buscam nos malefícios prejudicar os incautos que conscientemente se atiram às mil formas da magia negra.

O Exu Tranca Ruas, também chamado Elió, manda nas ruas e possui grande falange de auxiliares. É só invocado pelos praticantes do baixo espiritismo. Exu Veludo protege os inimigos dos que recorrem aos demais para obter benefícios, enquanto o Exu Quebra Galho manda nas matas, exercendo forte domínio nas encruzilhadas sobre mulheres e moças concitando-as a perversão e ao abandono do lar. O Exu Pombagira encarrega-se da vingança. Todos os trabalhos inerentes a casos de amor nos quais a mulher se sente prejudicada, podem ser feitos em honra desse Exu. O Exu das Sete Cruzes é o encarregado da entrada dos cemitérios, podendo ser pedido seu auxílio, quando se quer que alguma pessoa morra por acidente ou assassinada. Com iguais e sinistras missões seguem-se o Exu Tronqueira, o das Sete Poeiras, Morcego, Pedra Negra, Capa Preta, Caveira, Meia Noite e por fim, o Tranca Tudo e o seu temível colega, o Exu Brasa que é o provocador de incêndios e domina o reino do fogo. Antes de terminar, convém falar no Exu Ganga, que só pode ser cultuado nos cemitérios, e tanto proporciona a morte de pessoas como a cura de doentes desenganados.

Os "despachos" pegam mesmo?

Depois de descer às minuelas quanto ao preparo de "despachos" em horas tardias da noite, em cemitérios ou encruzilhadas, que Frei Boaventura acompanhou em trajes seculares, com licença de seus superiores, vendo colocar sobre as toalhas charutos, galinhas, fósforos, cachaça (marafo) como dizem na Umbanda, porcos, tudo sobre o fundo de "pontos", sinais cabalísticos, o orador passou a analisar a doutrina católica sobre a existência do demônio. Depois de citar textos bíblicos concluiu que é doutrina revelada e pacífica, aceita pela Igreja, a existência de demônios, que tem por chefe Lúcifer ou Satanás. Finaliza acentuando que tais "despachos" poderão fazer mal às pessoas que vivem em constante pecado mortal, fazendo uso da Umbanda, a ela frequentando e acreditando na Umbanda, aceitando voluntariamente a proteção desses Exus.

– "Não queremos dizer que todo "despacho" feito contra uma pessoa em estado de pecado mortal tenha efeito. Pensamos sinceramente que também essa pessoa esteja indefesa sempre que utilizar a oração como meio de defesa" – frisou Frei Boaventura.

Explicou, ainda, que existem duas maneiras de livrar as pessoas de tais malefícios. Uma, através de orações cultuadas no próprio espiritismo. E outra, através do exorcismo da Igreja. Toda a pessoa que frequenta um templo católico, faz suas orações normais e sobretudo comunga, tem a proteção de Cristo e de Deus, não sendo por isso permitido pelo ente superior qualquer malefício. Mesmo o mal das doenças e a tentação, só atinge o católico quando é autorizado por Deus, como provação para seus filhos na terra – garantiu Frei Boaventura. Só Deus permite aos demônios em forma de provação, a possibilidade de atuarem.

Gorda mistificação

Frei Boaventura acentuou depois que os umbandistas caem em grosseira mistificação, querendo valer-se do catolicismo para granjear adeptos. E citou como exemplo os santos invocados pelos umbandistas, que nada mais são do que seus próprios e mitológicos "protetores". Por exemplo: invocam São Jorge, quando na verdade cultuam Ogum; aparentam adorar Nossa Senhora, mas na verdade cultuam Iemanjá – Rainha do Mar; cultuam São Cosme e São Damião, quando na verdade querem adorar Ibeji. Se os umbandistas se apesentassem como são – magos e politeístas – teriam muitos poucos adeptos; sentem a necessidade de cultuar os santos da Igreja para compensar a falta de substância que possuem em sua exótica religião.

"BAIXOU" EM PLENO JÚRI "O CABOCLO" NO RÉU INTERROGADO!

Diário da Tarde, n. 20200, 15 de junho de 1956

Rio – Inusitado episódio ocorreu, há dias, no Primeiro Tribunal do Júri, quando se desenrolava o interrogatório do réu Antônio Ferreira Viana, que era procedido pelo Juiz Dr. Osvaldo G. Pires.

É que o acusado, ao contar porque razão matara, a golpes de foice, o macumbeiro Ademar F. do Nascimento, passou a expressar termos que ao magistrado deram a impressão de que ele se encontra com o juízo afetado.

Adepto da seita seguidora da "Linha Branca de Umbanda", Ademar começou a fazer referências estranhas a "cambonos", "aparelhos" etc., tomando atitudes que impressionaram tanto ao juiz como ao promotor, Dr. Araújo Jorge, desabituados a ouvirem aquela linguagem em plenário do Júri.

Diante disso, o promotor requereu e o juiz deferiu que o julgamento fosse sustado, a fim de ser o acusado submetido a prévio exame de sanidade mental. Tendo o Conselho de Sentença concordado com a providência, o juiz determinou a sua dissolução e o julgamento não se realizou.

Antônio Viana, porém, não estava de acordo quando as suspeitas levantadas sobre o seu equilíbrio mental.

Após o acontecido contou para os que se interessavam em ouvi-lo que ele é um homem perfeito, de pleno domínio da sua razão. É espírita e não havia sido compreendido. Apenas narrava, de acordo com a mística, como soube que o macumbeiro, ao qual confiou sua esposa para fazer um "tratamento" dela abusara. Na véspera do crime, o espírito da falecida mãe se se encostara a sua esposa. Essa, assim apoderada, revelou-lhe que o macumbeiro, a pretexto de "curá-la", forçou-a, sob ameaça, a se submeter a ele. Que, além disso, o macumbeiro continuava a persegui-la, impondo que o abandonasse, para com ele fugir e viverem em Juiz do Fora.

Quando o espírito de sua mãe acabou de lhe fazer a terrível exposição, "manifestou-se" nele o seu "protetor" que lhe veio avisar que no dia seguinte, Ademar, o macumbeiro, marcharia para a sua residência na Rua Montreal, 573, com o objetivo de matá-lo.

No outro dia, 29 de outubro de 1949, efetivamente, às oito horas, Ademar bateu à sua porta. "Sabendo" que iria ser morto, antecipou-se e matou aquele que seria o seu "assassino".

Rematando, explicou o réu: "Quando eu estava sendo interrogado o meu "protetor" chegou. O juiz não me entendeu e pensou que eu não giro bem".

Os advogados Humberto Teles e Aloisio Nelson, patronos do acusado, não aprovaram a suspensão do julgamento pelo motivo argumentado, pois, para eles, Antônio não passa de um místico que encara a sério a sua religião.

VAI SER DEMOLIDO O EDIFÍCIO DO JORNAL DO COMÉRCIO

Diário da Tarde, **n. 20625, 13 de março de 1958**

Os proprietários do velho prédio onde funciona o "Jornal do Comércio", do Rio, na Avenida Rio Branco, estão tomando todas as providências para levantar no local um majestoso edifício, de 31 pavimentos. As plantas estão aprovadas pela Prefeitura do Distrito Federal e os emolumentos regularmente pagos.

Agora, foi intentada ação de despejo contra os inquilinos – cerca de 100 escritórios comerciais – os quais deverão desocupar o prédio no prazo de lei, para ser iniciada então, a sua demolição.

Entre os inquilinos figuram numerosas associações, inclusive a Federação Nacional das Sociedades Religiosas de Umbanda.

NOITE NO MORRO

Diário da Tarde, **n. 20663, 23 de abril de 1958**

Quando a noite chegou e, em um deslumbramento
Transfigurou-se o céu da noite tropical
A lua foi subindo e, lá do firmamento
Deixou cair seu véu de alvura virginal
Os casebres ao luar, na orla clara da mata
Agrupavam-se, além e, na relva macia
Entre as pedras do chão, ou, nas frondes de prata
O constante cricri dos insetos crescia
Foi então que, rompendo o sossego noturno
No enorme barracão solitário sem forro
Começou a sessão, em um clamor taciturno
Evocando Orixá na macumba do morro
Ei-lo, baixa afinal! O clamor recrudesce
Bate forte o tambor... Na infernal sarabanda
Todos dançam, enquanto o cambono estremece
Recebendo o Orixá que é da Linha de Umbanda!

UMBANDA FUNCIONA EM PLENO CENTRO DA CIDADE E MORADORES PROTESTAM

Diário da Tarde, **n. 20960, 23 de abril de 1963**

Moradores das adjacências do prédio número 457 da Rua Trajano Reis, protestam contra a instalação de uma tenda de Umbanda, com a denominação de Tenda de Umbanda Mãe Tereza.

Fazem-no principalmente pelo fato de a polícia permitir que um fato como esse seja consumado, tendo-se em vista ser nossa capital considerada e com grande orgulho para nós paranaenses, de "Cidade Universitária".

Mesmo que a localização dessa tenda não fosse em zona central, não se justifica pelo simples fato de depor contra nossa cultura.

É um local onde faz uma reunião de macumbeiros; e macumba nada mais é do que uma cerimônia fetichista de fundo negro, acompanhada de danças e cantos ao som de tambor.

Por si só, os atos que são praticados nessas cerimônias, se mostram incompatíveis com os bons costumes e o desenvolvimento espiritual do povo.

Esperam que esse protesto chegue ao conhecimento das autoridades constituídas e seja dada uma solução adequada ao fato ora apontado.

TENDAS DE UMBANDA SÃO ENTIDADES LEGAIS

Diário da Tarde, **n. 20469, 4 de maio de 1963**

A propósito de uma nota publicada em nosso vespertino em data de 23 de abril último com o título "Umbanda funciona em pleno centro da cidade", esteve em nossa redação pessoa ligada a Tenda de Umbanda Mãe Tereza, visada na mencionada nota, protestando contra os termos ali usados, pois não correspondem à realidade.

Dissemos que o autor desta nota está mal informado sobre as atividades das tendas de Umbanda, pois são entidades legalmente constituídas e protegidas, portanto, pelas leis do país e pela Constituição Brasileira.

Umbanda não se confunde com a quimbanda.

A primeira é uma seita religiosa constituída de pessoas de bem para a distribuição do bem e o amor ao seu próximo, mitigando seus sofrimentos espirituais como materiais. A segunda é constituída de elementos perniciosos à sociedade, realizam seus ritos com finalidades malévolas ao seu próximo, não recebendo o mesmo tratamento que a primeira, não sendo legalmente constituídas suas práticas são somente positivas às escondidas, e seus membros estão sujeitos às penalidades da lei.

"Umbanda é seita religiosa e tem suas tendas abertas a qualquer pessoa de bem, enquanto que a quimbanda, praticando o mal somente poderá abrigar em seu seio pessoas más, mal formadas espiritualmente".

Disse-nos mais que o Estatuto da Tenda Mãe Tereza foi aprovado em reunião de 10 de maio de 1961 e devidamente registrado no 2° Registro das Pessoas Jurídicas desta Comarca, em 1° de junho de 1962 e publicado em extrato, pelo Diário Oficial do Estado do Paraná, de 23 de junho de 1962.

Depois de dizer-nos que há um ano estão instalados no prédio 457 da Rua Trajano Reis sem jamais terem atritos com quem quer que seja, mostrou-nos o Estatuto da Tenda que tem o seguinte preâmbulo:

"A Tenda de Umbanda Mãe Tereza, foi fundada em Curitiba em 23 de abril de 1961, regularmente registrada e constituída esta sociedade para a prática da doutrina de Umbanda; tem seus direitos assegurados pelas garantias constitucionais no País, de acordo com o Capítulo II, artigo 143, parágrafo 7° e pela Carta de Direitos do Homem, artigos 13 e 20 em sessão realizada em 10 de dezembro de 1948, pela Organização das Nações Unidas (ONU), da qual o Brasil é um dos países fundadores".

UMBANDISTAS TERÃO CONGRESSO NO DOMINGO

Diário da Tarde, n. 21692, 19 de abril de 1972

Com o fim de promover a unificação da Umbanda, a partir do próximo domingo estarão reunidas em Curitiba, cerca de mil e quinhentas pessoas para participar do Primeiro Congresso Umbandista do Paraná que se realizará com o apoio de todas as congregações da religião do Brasil.

João Maria Bittencourt, autor de vários livros sobre a Umbanda, foi o idealizador do conclave, que contará com a presença do Deputado Átila Nunes Filho da Guanabara, escritores da Editora Eco e os redatores do jornal Tribuna de Umbanda. O congresso será ofertado a São Jorge, que para os umbandistas tem o nome de Ogum Megê.

Unificação

O propósito do idealizador do congresso, jornalista João Bittencourt, é a unificação das várias federações e entidades que congregam as tendas de Umbanda de todo o Brasil. Para isso estarão presentes representantes da Federação de Umbanda, União de Umbanda, Confederação de Umbanda de São Paulo, Confederação de Umbanda de Minas Gerais e a Federação Rio-grandense, além das entidades paranaenses que ofereceram total apoio.

Dos festejos de inauguração participarão a Banda da Polícia Militar do Estado e o Coral de Pelotas, com 42 integrantes, devendo-se realizar um dos maiores espetáculos religiosos da Umbanda, que alcançará grande penetração popular.

Patrocínio

O Congresso de Umbanda será inteiramente patrocinado pela Companhia de Bebidas Joaquim Thomaz de Aquino, produtor da cachaça Praianinha e conhaque São João da Barra, que já providenciou tudo para o sucesso do encontro. Poderão participar dele, todos os interessados em Umbanda, e para promover o interesse geral do público, serão sorteados no local do congresso, Ginásio Tarumã, televisores, geladeiras e outros objetos, entre aqueles que apresentarem comprovante de compra da cachaça Praianinha.

Liderança

João Maria Bittencourt reuniu as condições de liderança

para conseguir realizar o congresso. É escritor e terá lançado pela Editora Eco ainda este ano o livro "Umbanda na Encruzilhada", que a exemplo do seu "No Reino dos Exus", elogiado pelo semanário "Pasquim", deverá fazer sucesso internacional. Dois outros livros estão em elaboração. "O Terreiro e seus milagres" e outro ainda sem denominação que deverão se lançados logo. Sua primeira obra foi publicada em Portugal, África Portuguesa, Argentina, Paraguai e Uruguai, e confirma a posição do autor de que a Umbanda será dominante no Brasil em termos religiosos, ainda no ano 2000.

EM CURITIBA, CEMITÉRIO APENAS PARA UMBANDISTAS

***Diário da Tarde*, n. 22495, 31 de março de 1975**

Saiu impresso em um cartaz afixado nas lojas de Umbanda de Curitiba: "Umbandista: Você agora já tem a sua Calunguinha. O segundo cemitério umbandista do Brasil". Em seguida, os autores do cartaz discorrem sobre as vantagens da Calunguinha: "Sem problemas ou aborrecimentos, você pode realizar seu trabalho, sua entrega ou oferenda". No final, o refrão comercial: "Use e prestigie a sua Calunguinha. Parque Senhor do Bonfim. Escritório e vendas – Rua Alferes Poli, 2840".

Pelo que permite entender o cartaz, a Calunguinha se prestará não apenas para sepultamento de adeptos do Umbandismo, mas também servirá como local para pagamento de promessas, cumprimento de obrigações e outras cerimônias típicas da Umbanda.

No país do mundo onde mais cresce esse tipo de religião, é compreensível o surgimento de cemitérios como este, por vários motivos. Um deles é a dificuldade que encontram os umbandistas para realizar sepultamentos com o cerimonial típico da Umbanda, nos cemitérios de outras religiões. Outro é a dificuldade que surge quando algum filho de santo quer cumprir uma obrigação ou entregar um presente em cemitérios (a prática umbandista exige que determinadas tarefas sejam feitas nesses locais).

Os cemitérios que existem por aí, ou são cristãos (a maioria), ou são de outras religiões mais fechadas ainda (protestantes, muçulmanos, judeus etc.), e em nenhum desses locais é bem vista a presença do umbandista. Daí o costume de serem feitas oferendas em cemitérios, ao meio dia ou tarde da noite, quando há pouca ou nenhuma gente nesses locais. Mas o que chama mais a atenção é o tino comercial dos mentores da Calunguinha. Antes de tudo, essa dificuldade que os filhos de santo encontram para realizar suas práticas de fé lhes surge como uma boa oportunidade de lucro. E a ideia, economicamente, parece que vai vingar.

Já imaginaram os ricaços, industriais, profissionais liberais e outros da "alta sociedade" que costumam fazer sua fezinha na segunda, na quarta ou na sexta feira, se exporem por aí para pagarem promessas em cemitérios de católicos, protestantes ou judeus convictos amigos seus? Nesse sentido, a Calunguinha aparece como uma boa cobertura para eles realizarem suas, nem sempre confessadas, devoções por Oxalá, Oxóssi, Xangô, Tranca Ruas, Pretos Velhos e outras divindades da Umbanda.

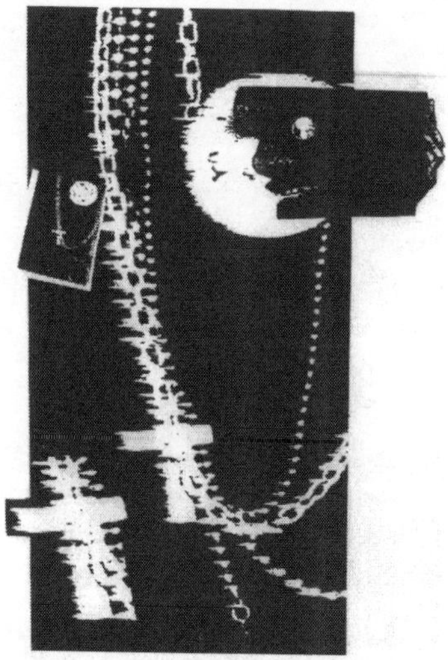

Figura 37: Desenho sobre a macumba de Rita Brandt. *Correio de Notícias*, n. 80, 19 de agosto de 1990

Seguramente, esse pessoal "da grana" é o que mais prestigiará o Cemitério Parque Nosso Senhor do Bonfim, uma boa camuflagem para suas crenças.

MACUMBA PARA DOBRANDINO

Correio de Notícias, n. 1492, 14 de junho de 1986

Um "presente" inusitado para o Prefeito Dobrandino Gustavo da Silva, de Foz do Iguaçu, ontem, sexta feira 13. Logo cedinho, ao chegar à Prefeitura, ele deparou, na porta de entrada, com um "trabalho" no mais alto estilo da macumba: várias garrafas de pinga, muitas velas vermelhas, outros bagulhos não identificados e um recorte de jornal com sua foto. Sereno, Dobrandino comentava depois: "Defensor de liberdade de crença e religião, recebo esta manifestação como uma prece pelo sucesso de minha administração, que vai muito bem, graças a Deus". E bateu de leve no canto de sua mesa.

EMBOLADA NA ENCRUZILHADA

Letra e música de Valêncio Xavier

***Correio de Notícias*, n. 80, 19 de agosto de 1986**

Encruzilhada onde eu
Com minha amada caminhava
E onde eu ela encaçapava
Eu não notava que o tempo passava
E que tudo mudava
Se nela hoje paro com meu carro
Encruzilhada coberta de asfalto
Sofro logo um assalto
Encruzilhada de Cazuza
Encruzilhadas, Encruzilhadas
Encruzilhada dás?
Se dás, dês o que é teu
Que eu dou o que é meu
Ai que bom!
Aides mim!
É o meu fim
Encruzilhadas Hai-Kai
Encruzilhada em dia claro
O Lerner bota mais um semáforo
Crash! Desastre de carro
Encruzilhada da Macumba
Salve Omolu Tranca Ruas!
Senhor da Encruzilhada
Aceite esta oferenda e
Traga de volta minha namorada
Como galo preto dá ácido úrico

Acidez da farofa amarela ataca a úlcera
Charuto barato não dá barato
Se deixo pinga na encruzilhada
Daqui a pouco não tem mais nada
E como dinheiro não tenho
Aceite esta minha oferenda
O vale refeição que me sobrou
E compre o que achar melhor
Dentro do limite de duzentos paus
Ó Senhor da Encruzilhada
Traga de volta minha namorada
Ó Tranca Ruas
Para facilitar
Já me traga ela meio nua
Encruzilhada das eleições – 1
Estou em uma encruzilhada:
Richa, Requião, Martinês, Pizolato,
Lindolfo e quem mais?
Fiquei mais indeciso
Quando assisti o debate
Mandei fazer uma pesquisa
E olha que deu empate:
Nenhum é pior do que o outro
Nem outro é pior que o um
Encruzilhadas das eleições – 2
Com esta encruzilhada
Eu não contava:
Em quem não devo votar?
No Toni Fruet?
Ou no Zé Eduardo Pimentel
Ó dúvida cruel:
Qual dos quatro é pior?

AGOSTO, UM MÊS DE MUITO AZAR?

Correio de Notícias, **n. 1844, 02 de agosto de 1987**

Para a maioria dos políticos brasileiros, agosto é um mês "agourado". E lembram que foi em agosto que o presidente Getúlio Vargas suicidou-se; Jânio Quadros renunciou e os ministros da Fazenda Mário Henrique Simonsen, do governo Figueiredo, e Francisco Dornelles, da Nova República, caíram. No entanto, o presidente José Sarney, que cultiva uma forte dose de superstição, não tem nada contra o "gato preto, o número 13, ou o mês de agosto". Mas o mês de agosto, contra o qual o presidente nada tem contra, pode começar mal: se, por exemplo, ele receber um presente confeccionado com penas, uma concha, pele de qualquer animal, um arco, uma flecha ou um cocar indígena. O "Presidente tem horror a todas essas coisas porque acha que dão azar", afirma Vera Sabará, secretaria que acompanha Sarney há mais de 10 anos.

O nosso Presidente odeia roupa marrom. Acha que dá azar. Da mesma forma que não suporta qualquer objeto feito com conchas, mariscos ou estrelas do mar. Segundo Sarney, "só servem para atrasar a vida das pessoas". Mas há outros fatos curiosos que demonstram o grau de superstição do presidente: ele não passa embaixo de escadas, sempre sai pela porta que entrou e foge de qualquer animal empalhado. A explicação que Sarney dá para justificar porque sempre sai pela porta que entrou é um tanto estranha: se a pessoa sair outra porta que não aquela por onde entrou, haverá um desencontro definitivo da pessoa com o seu anjo da guarda, e a vida nunca mais terá proteção.

E a macumba

Vera, a secretaria de Sarney, conta que quando ele era presidente do PDS, assustou-se quando ao entrar em seu gabinete, no Senado, encontrou sobre a mesa uma pena. E a chamou para que jogasse fora, longe dali. "Isso dá azar e só pode ser macumba que fizeram para mim". Segundo Vera, Sarney entrou em pânico com a inofensiva pena que havia desprendido do espanador da faxineira.

PAI DE SANTO ATACA POLICIAIS

Correio de Notícias, **n. 1882, 11 de setembro de 1987**

Salvador – Os agentes da Delegacia de Tóxicos e Entorpecentes estão habituados a ser recebidos a balas quando enfrentam traficantes de drogas, mas quarta feira à noite tiveram que encarar uma arma inesperada e contra a qual seus revólveres e escopetas não tiveram qualquer utilidade.

Um grupo de policiais, chefiado pelo agente José Jorge Barbosa, invadiu a casa do traficante João da Cruz Santos, conhecido Pai de Santo, na zona do Pelourinho, centro histórico de Salvador. Enquanto recolhiam os 150 gramas de maconha, encontrados em um dos quartos, foram atacados pelo Pai de Santo, que atirou sobre eles uma grande quantidade de pó de pemba. O pó amarelado, benzido por Exu e feito com ossos humanos e outros ingredientes próprios de macumba, é atirado contra as pessoas a quem os iniciados pretendem fazer mal.

Figura 38: Charge sobre a matéria. *Correio de Notícias*, n. 1882, 11 de setembro de 1987

No caso do Pai de Santo, ele explicou na delegacia que não queria fazer mal maior aos soldados, mas apenas cessar a perseguição que eles vem mantendo aos traficantes do Pelourinho.

MACUMBA NO CINEMA E NOS DISCOS

A macumba foi tema de alguns filmes e discos. Em uma época onde o Corinthians não conseguia ganhar um campeonato, alguns discos foram gravados abordando o tema, após a conquista do campeonato paulista de 1977. Até defumadores tinham a marca da macumba.

Figura 39: Capa do *DVD Macumba Sexual*, de Jess Franco's (1983)

Figura 40: *Macumba*, filme belga com Vanja Orico, famosa cantora da época (1954)

Figura 41: Filme *Macumba* (1954)

Figura 42: Capa do EP *Em tempo de macumba* (1972)

Figura 43: Capa do EP *Pontos de macumba*, de J. B. de Carvalho

Figura 44: Capa do LP *Macumba*

Figura 45: Capa do LP *Macumba*, de Heitor dos Prazeres (1968)

Figura 46: Capa do SINGLE *Sem macumba no Timão*, de Tony Sampaio (1977)

Figura 47: Capa do SINGLE *Tem macumba no Timão*, de Luís Risadinha (1977)

Figura 48: Capa do LP *O Rei da macumba*, de J. B. de Carvalho (1978)

Figura 49: Capa do LP O *Festa no terreiro*, de J. B. de Carvalho (1960)

Figura 50: Capa do EP Macumba em Macondo, do grupo Manati (Uruguai)

Figura 51: Defumador *Tira macumba*

Figura 52. Defumador *Quebra macumba*

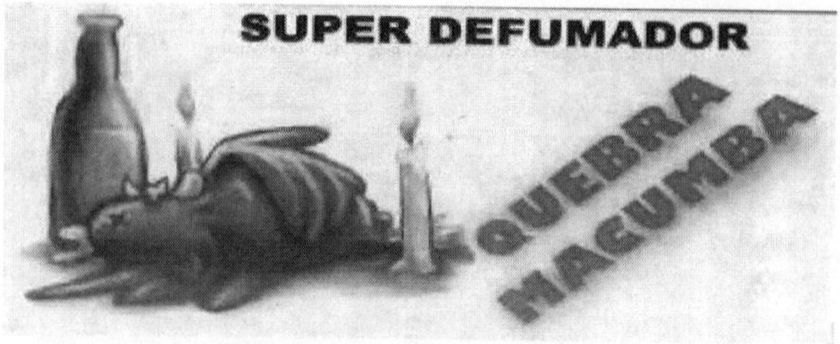

Figura 53: Super defumador *Quebra macumba*

MACUMBA – MEIA NOITE NA ENCRUZA TEM EXU

Rádice, n. 5, 1978

Primeiro a macumba era coisa de preto, de pobre, de marginal. A polícia perseguia, invadia terreiros que perturbavam as madrugadas sonolentas dos subúrbios com os ogans batendo forte nos atabaques. Até hoje, no Museu da Polícia Militar, na Rua Frei Caneca, no Rio, estão expostos inúmeros objetos rituais, fruto dos saques da violência oficial. Mas a Umbanda continuava e tinha suas vitórias, dava suas voltas: houve até casos dos policiais entregarem as armas a um cambono, receberem o santo e acabarem a noite, incorporados, dando consultas.

Figura 54: Capa da revista *Rádice*, n. 5, 1978. Foto de Luiz Claúdio Marigo e Robert Ostrowsky

Foi só no início da década de 1960 que as coisas começaram a mudar. Intelectuais e artistas passaram a frequentar os terreiros, atraídos talvez pelo exotismo do ritual, talvez pela força de um misticismo mais puro, menos racionalizado que o das religiões ocidentais. A classe media descobriu a macumba: as pessoas iam uma vez, pediam e tinham resposta, viravam frequentadoras. Tinham resposta: para qualquer coisa que pedissem de bom ou de mal, cura das doenças ou desgraça do inimigo, felicidade no amor ou vingança contra o amante infiel. Usar guia no pescoço virou moda, macumba passou a ser enredo de escola de samba, os passistas fantasiados de Orixás. Criou-se um comércio e uma indústria em torno do Santo, e até mesmo os pontos cantados, sempre transmitidos pela tradição oral, foram gravados em disco. Marinheiro Só, por exemplo, de Caetano Veloso, é ponto de uma entidade da linha de Yemanjá, e já era cantado há muito tempo nos centros e nas praias, os pescadores pedindo proteção antes de entrar no mar.

Hoje em dia, personalidades como Jorge Amado, Carybé, Dorival Caymmi e Antônio Olinto são Ministros de Xangô no Axé Opô Afonjá, uma das mais tradicionais Casas de Candomblé na Bahia. A macumba foi finalmente aceita, foram criadas Federações Umbandistas, e até se políticos se elegem através delas. Carros enchem as calçadas em frente aos Centros: são as pessoas de dinheiro, que frequentam muitos anos de escola, indo pedir benção aos Pais de Santo pobres e analfabetos.

A macumba foi aceita, mas pagou seu preço. E há quem prefira os tempos antigos, de muita perseguição e preconceito, mas também muita força e simplicidade. Um desses: Jair Tata, Pai de Santo de 35 anos de Umbanda, um homem simples, amável e brincalhão, mas que no terreiro se transforma: lá ele é poder e ordem, força, carisma: "dizem que macumba é coisa de pobre e de preto, e por quê? Você vê: a classe pobre antigamente nem levava filho ao médico. Estava doente, fazia o que? Ia na rezadeira. Chegava lá, geralmente eram aquelas velhas, faziam a mandinga delas, e a pessoa saía de lá boa e curada. Hoje em dia você vai em um centro e vão te dar uma lista desse tamanho para você comprar, no final dá 2, 3 milhões. Melhor ir ao médico. E você por exemplo o caso de uma pessoa que procura a Umbanda porque está desempregada. Antigamente você ia na minha casa, eu sabia que se você estava desempregado, estava sem um tostão, então eu acendia uma vela das minhas para seu anjo da guarda, dava um ponto riscado para você botar no bolso, mandava você tomar um copo de água antes de ir procurar emprego e você conseguia aquela graça. Hoje vão te dizer que é fulaninho que está fazendo trabalho contra você que tem de desmanchar, acaba dando 300, 400 contos. O que acontece? Você arruma outro problema, porque não tem esse dinheiro e nem vai conseguir dormir de noite. No dia seguinte você não tem nem ânimo de sair de casa para procurar emprego".

Um pouco da história

Tempo é tempo, dizem os Pais de Santo. E desde a chegada dos primeiros negros escravos no Brasil, houve muitas transformações e deslocamentos na estrutura das religiões africanas. Fala-se muito em sincretismo, geralmente referindo-o à introdução de elementos católicos no culto, em particular o uso das imagens dos santos cristãos como representativas dos Orixás. Todos os anos, na época da lavagem das escadas da Igreja do Senhor do Bonfim, a imprensa pública veemente reclamações dos católicos radicais: denunciam sujeira e promiscuidade, pedem, como se fosse possível, a separação total das duas religiões. Do outro lado, alguns autores que se dizem umbandistas supervalorizam os elementos católicos e kardecistas, que teriam libertado os cultos afro-brasileiros de seu "primitivismo", chegando mesmo ao racismo absurdo de afirmar que "devemos libertar a Umbanda de toda influência africana".

Mesmo entre autores sérios, no entanto, raramente encontramos as atenções voltadas para o sincretismo mais importante de todos: o que houve, desde o Brasil colonial, entre as diversas culturas negras. Para cá vieram principalmente escravos de Angola, Congo, Moçambique, Nigéria, Daomei e Costa do Ouro, que tinham contatos esporádicos entre si no continente africano, foram misturados, sem qualquer critério, dentro das senzalas. Do ponto de vista cultural, os povos que trouxeram maior contribuição foram os da Nigéria – chamados yorubá ou nagô – o do Daomei – conhecido hoje como jejê – e o banto – particularmente as nações de Angola e Congo.

Nesse contato, a cultura nagô – não só por ser a da maioria como também por ser uma das mais bem estruturadas – se impôs sobre as outras, que assumiram sua língua, seus deuses – os Orixás – e muitos de seus rituais. Assim, por exemplo, os deuses Kambaranguaje (do Congo), Kibuko (de Angola) e Keviosso (do jejê) praticamente não são mais cultuados. Sobre eles, predominou a figura, no culto yorubá, de Xangô, também Senhor da pedreira, dos raios e do trovão.

E há a influência ameríndia; vinda através da pajelança, culto que misturava as religiões das diversas tribos brasileiras com as crenças europeias. Sincretizadas com o Candomblé nagô, e com predominância deste, ela deu origem ao chamado Candomblé de Caboclo. A grande diferença para o ritual africano tradicional: aqui os Orixás não incorporam nos médiuns, e sim seus representantes, chamados Caboclos, que são espíritos evoluídos de indígenas, e não só dançam, mas fumam, bebem, e principalmente conversam com os assistentes, ou seja, dão consultas. Transformação operada inicialmente na Bahia, o Candomblé de Caboclo se espalhou para o resto do país. Fenômeno importante: o ritual se simplifica, diminui a exigência de uma iniciação, e a instituição da consulta, aproximando entidades e fiéis, vem responder às demandas mais íntimas de um povo em crise permanente.

Todos esses ritos misturados deram origem ao que se chamou, no Rio, de macumba, mais tarde dividida em Umbanda e Quimbanda. A primeira assimila mais os valores europeus; a segunda é mais feiticeira, trabalha principalmente com Exu e é normalmente associada a trabalhos voltados para o mal. As duas não se constituem, no entanto, em polos antiéticos; são, ao contrário, complementares, e o mesmo Centro, trabalha, em geral, nas duas linhas. Hoje, a verdadeira oposição e a grande luta se colocam entre a Umbanda propriamente, que assimila os elementos da Quimbanda e cada vez mais se traça com o Candomblé e a chamada "Umbanda Branca" ou de "branco", que renega as danças e os atabaques, não dá comida nem bebida para os santos, não faz sacrifícios animais, não gosta de Exu. É a Umbanda dos livros doutrinários, se afastando de suas raízes e adotando, via kardecismo, a dicotomia do bem e do mal.

A Umbanda de verdade, que vem sendo relegada aos subúrbios mais distantes, é algo bem diferente disso. Em um dos terreiros que visitamos, por exemplo, o Pai de Santo falava, enquanto todos acendíamos velas para Exu no Cruzeiro das Almas: "façam seus pedidos para Exu, que Exu não e ruim não, Exu é bonzinho, peçam um ano novo cheio de coisas boas para vocês, e aproveitem para dar uma cutucada nos inimigos".

Exu, o bem e o mal

Exu tem duas cabeças
Ele olha sua banda com fé
Uma é Satanáz no inferno
Outra é Jesus de Nazaré

Laroiê Exu! Sem Exu não se faz nada, dizem os pontos. Ele é o homem da rua, o diabo na terra, o intermediário entre a humanidade e os Orixás. Sincretizado com o demônio cristão veste vermelho e preto, bebe marafo (cachaça), usa longas capas negras, cartolas, tridentes.

Exu trabalha dos dois lados, faz o bem e o mal, indiferentemente. Por isso é respeitado e temido e, na Umbanda de inspiração kardecista, considerado espírito inferior. Como escreve Aluízio Fontenelle, autor de livros doutrinários: "eles atuam de maneira mais variada possível. Mostram-se mansos como cordeiros, porém seu íntimo é uma gargalhada demoníaca de gozo". A crescente procura ao chamado "povo da rua" é vista, então, como sinal de decadência: "é muito comum hoje em dia, mesmo entre os elementos da alta sociedade, verem-se casos de larga procura aos quimbandeiros, para que estes realizem trabalhos com a finalidade de conseguirem desmanches de casamentos, aproximações de amantes, enfim, uma série de trabalhos próprios de Exu, em um crescer constante de maldade, perversidade e falta de bom senso".

Quem vive a Umbanda, no entanto, sabe que Exu é quem trabalha rápido, quem faz o que lhe for pedido. Exu não tem moral, ou melhor, tem uma moral muito própria: "as pessoas vêm aqui e me veem como a própria maldade, jogam toda a maldade em cima de mim. Então quando elas saem estão um pouco menos más. Se uma pessoa vem aqui e me pede para fazer uma merda, feitiço para foder os outros, quem é que é mau, sou eu ou ela?" palavras de Exu, talvez uma definição bastante popular do conceito psicanalítico de projeção.

Exu Tiriri diz que faz
Ele falou que faz
Faz, faz, Exu falou que faz
Faz, faz, Exu falou que faz

Exu segura a porteira, ou seja, protege a entrada do terreiro de todas as más influências. Sua casa, aliás, fica ao lado esquerdo da porta, separada de todas as outras. Também por isso ele é a primeira entidade a ser saudada, assim que se entra em um Centro. Como nas outras entidades, existem vários tipos de Exu. Sete Encruzilhadas, por exemplo, comanda todos os Exus que vibram nos cruzamentos e trabalha para Oxalá; Tiriri Lonan é empregado de Ogum e especialista em desfazer demandas injustas; Seu Tranca Ruas, trabalha para todos os Orixás e dá segurança às giras no terreiros, como diz seu ponto:

Exu Tranca Ruas
Ele é homem, é
Segura essa gira
Ele é homem, é
Segura essa gira
Ele é homem, é

Exu Caveira, mensageiro de Omolu e "Príncipe dos Cemitérios", cuja imagem é um esqueleto; e muitos outros.

A incorporação de Exu é a mais violenta de todas, frequentemente machucando mesmo o médium iniciante. Ao contrario de todas as outras entidades, ele só baixa virado de costas para o congá (altar) e, consequentemente, de frente para a porteira. Logo, ao chegar, inconfundível gargalhada, o pedido do charuto, a cachaça. Se o Centro possuir terreno aberto, os Exus saem e dão consultas do lado de fora; se não, é fechado o congá com uma cortina, para que os Orixás ali

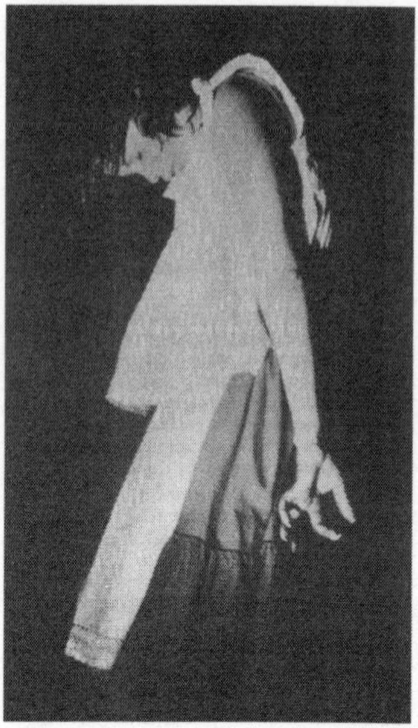

representados não venham reprimir sua empáfia de diabo. "Exu é como a gente", dizem os macumbeiros, "está mais ligado às coisas da terra e por isso pode nos entender melhor". E é verdade.

E há a Pombagira: Exu Mulher, uma entidade tipicamente brasileira. É a própria encarnação da sexualidade, provocante e às vezes agressiva. Sua especialidade são os feitiços de amor, mas faz qualquer trabalho, para o bem e principalmente para o mal, desde que receba a retribuição. Ela é mulher de sete maridos, quando viva foi geralmente prostituta, ou cigana; símbolos da desrepressão, da feminilidade livre e sem tabus. Pombagira amarra amante, afasta rival, causa ou cura impotência.

Figura 55: Médium incorporada com Exu. *Rádice*, n. 5, 1978. Foto de Luiz Claúdio Marigo e Robert Ostrowsky

Ciganinha, Ciganinha
Da sandália de pau
Ela trabalha para o bem
Mas também trabalha para o mal

Há também diversas Pombagiras: Maria Padilha, que trabalha na falange dos cemitérios, talvez seja a mais conhecida; Rainha do Inferno é imponente e vaidosa, e é amante

Figura 56: Médium incorporada com Pombagira. *Rádice*, n. 5, 1978. Foto de Luiz Claúdio Marigo e Robert Ostrowsky

de Lúcifer; Maria Mulambo é a própria imagem da prostituta acabada; Cigana é a mais faceira de todas, muito procurada pelo seu dom de ler a mão e botar cartas. Muito cuidado com todas elas: comunicativas, brincalhonas, sensuais, possuem em altíssimo grau aquela forma especial de traição que é tipicamente feminina.

Preto Velho conselheiro

É devagar, Vovô, é devagarinho
É devagar, Vovô, é devagarinho
Quem caminha com Preto Velho
Nunca fica no caminho

Pai Benedito, Pai João, Tio Luís, Vovó Cambinda, Vovó Maria Conga e muitos outros são espíritos de antigos escravos que em geral morreram muitos velhos, cheios de paciência e sabedoria. Juntos, formam a chamada linha das Almas, chefiada por Dom Miguel.

Algumas abordagens, em geral de teóricos marxistas, associam Preto Velho à imagem do negro submisso, bajulador e acomodado: Pai Tomás, o "negro de alma branca", em oposição ao escravo rebelde, fugido, formador de quilombos, que seria representado pela figura de Exu. A realidade não se amolda muito facilmente a essa dialética: nem Exu é tão rebelde assim, nem os velhos tão acomodados; de fato eles são até são feiticeiros, conhecedores de ervas e de fórmulas mágicas, dos segredos da Umbanda e dos da Quimbanda. Uma lenda sobre Pai Benedito pode nos esclarecer a respeito. Em vida, ele teria sido escravo de um padre, que o maltratava muito, inclusive não o deixando assistir à missa. Depois de muitos acontecimentos, em uma noite em que o senhor o fez trabalhar mesmo doente para preparar um jantar para seus amigos, o velho não teve dúvidas: sem reclamar, arrumou tudo como lhe era ordenado, mas, em segredo, fez certas rezas no gato de estimação do padre. Quando todos estavam comendo, o gato, da janela, saltou sobre o dono, e atacando-o no pescoço terminou por matá-lo. Por isso, até hoje Pai Benedito não gosta de padres; só se refere a eles como "urubus".

Mas Preto Velho é principalmente o grande conselheiro, o

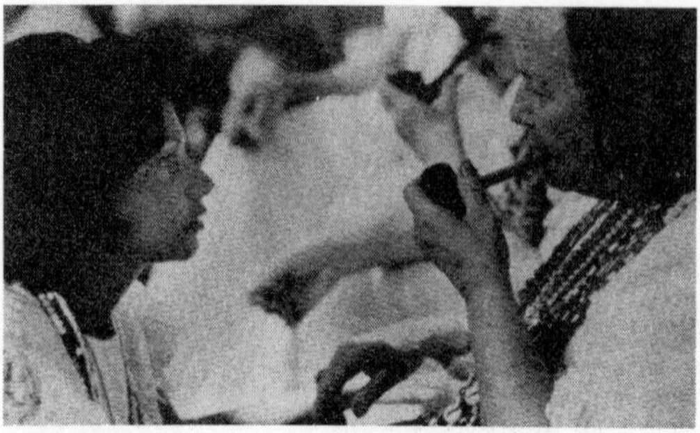

Figura 57: Médium incorporada com Preta Velha. *Rádice*, n. 5, 1978. Foto de Luiz Claúdio Marigo e Robert Ostrowsky

terapeuta. Em conversas com frequentadores de Centros, as referências são uma constante: "antes de conhecer Tio Luís eu era uma pessoa muito nervosa; agora, graças à ele, estou bem melhor"; "graças a Pai Benedito eu consegui que minha filha me entendesse"; "Pai João? Para mim ele é tudo, toda semana eu venho falar com ele". Com toda tranquilidade ele ouve as mesmas pessoas, todas as semanas, desfiarem os rosários de suas lamentações e problemas, dá conselhos assim como passa trabalhos de eficácia simbólica. Como terapeuta, ele tem sua técnica própria, talvez não muito ortodoxa: indica os caminhos a serem seguidos, repreende como o próprio vovô rabugento; de certa forma, é quem amarra os fiéis ao culto: receita banhos de ervas, manda fazer despachos, acender velas etc.

Conversando com Tio Luís, ele nos fala que os problemas estão dentro das cabeças das pessoas, por isso a conversa, os conselhos, a paciência no ouvir. A pergunta: mas às vezes os problemas não estão do lado de fora? E uma parábola como resposta: "se você desde que nasceu vive dentro de uma roda onde só tem cachorro latindo. É um problema, não é? E está do lado de fora. Mas se você viveu sempre no meio dos cachorros, você vai acabar andando de quatro e latindo que nem eles. Aí o que estava fora passou a ser dentro". Desnecessário dizer que o médium não tinha conhecimento de psicologia, que a técnica, aqui, não tem o significado de longo aprendizado prático-teórico, mas é algo que vem de modo natural, espontâneo, intuitivo.

No dia treze de maio
Tava batendo tambor
Quando a polícia chegou

Samba nêgo, branco não vem cá
Se vier, vai apanhar

É isso. Velho é preto de alma preta mesmo. E com sua simplicidade quase incompreensível, faz até o papel de médico. Para desvio de coluna, que ele chama de espinhela caída, nada melhor que uma boa massagem de Preto Velho, naturalmente acompanhada de reza. E em matéria de chás de ervas medicinais, avisa: "Você tem que ir no casacado (médico), meu filho".

Crianças, a alegria

Cosme e Damião
Ô Damião, cadê Doum
Doum foi passear
No cavalo de Ogum
Dois, dois, sereia do mar
Dois, dois mamãe Yemanjá

As crianças são uma festa. Comem doces e balas, brincam, pulam, bebem guaraná. Normalmente vêm no fim da gira, quando o dia já está clareando. O transe das Crianças é suave, semiconsciente, e serve para limpar o médium das vibrações, às vezes carregadas e violentas, das outras entidades. São especializadas em assuntos escolares, e sua proteção traz muita sorte e alegria.

Sendo espíritos evoluídos de meninos ou meninas que morreram de forma trágica, as Crianças são em geral representadas pelas imagens de Cosme e Damião, por vezes junto com figura de Doum, terceiro personagem entre os dois gêmeos, e que seria o irmão que teria nascido logo após estes.

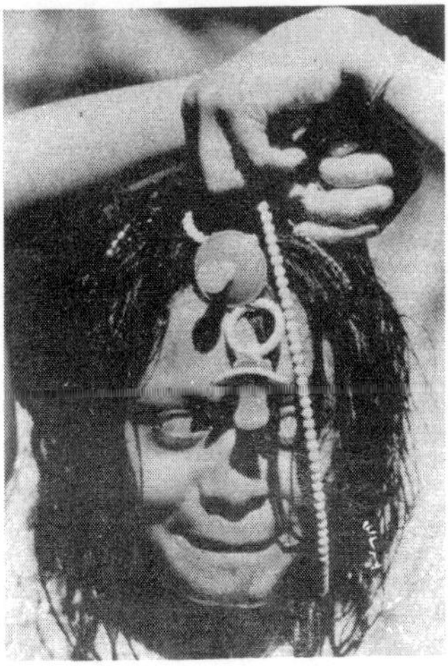

Figura 58: Médium incorporada com Criança. *Rádice*, n. 5, 1978

Pedrinha pequenina
Na Aruanda é
Lajedo tão grande
Na Aruanda é

Certo dia um intelectual esquerdista foi no Centro de Pai Benedito das Almas. Na gira de Exu ele resolveu dialogar. Na conversa, tentou "mobilizar" o Exu para ações concretas, discorrendo sobre alienação, necessidade de revolução social etc. Exu sem entender nada. A conversa foi ficando acalorada, até que nosso personagem se retirou indignado, gritando impropérios contra os Exus.

Este é um exemplo de compreensão distorcida da verdadeira função social da Umbanda. Se a força da macumba – sua eficácia simbólica, como querem os antropólogos – pode representar forma de adaptação às injustiças sociais, mais frequentemente ela se apresenta como resistência às diversas formas de poder. Resistências esparsas, é verdade, individuais, desorganizadas: Exu desafiando o bem e o mal; Pombagira, a prostituta, quebrando as repressões da cultura cristã; Preto Velho, imagem da paciência e da bondade, fazendo seus feitiços, Oxalá, o Orixá maior, dando poder justamente aos últimos escalões da pirâmide social.

Essa coroa quem me deu foi Oxalá
Coroa, Babá, Coroa
Coroa, Babá, Coroa
Coroa, Babá, dos Orixás

De fato, gente de todas as classes vai pedir a benção a Pais e Mães de Santo pobres e analfabetos. Dentro do terreiro a hierarquia é espiritual: a empregada é iaô junto com a patroa, e não há diferenças. Em cada Centro se opera o que poderíamos chamar de micro-revolução: é o povo afirmando, ou melhor, descobrindo seus próprios valores, que não são mais os africanos, nem os indígenas, nem os europeus. É a formação de uma cultura brasileira oprimida, que rejeita a maneira branca e burguesa de encarar o mundo, imposta desde os tempos da colonização.

Os Orixás não seriam simples espíritos evoluídos, ou de luz, como deseja o kardecismo, mas sim forças naturais, partem da própria natureza. Ou, se quisermos, tipos ideais situados na relação simbólica entre o homem o mundo. Relação simbólica que não é do europeu, assim como já não é mais do africano, mas nossa. E quem visitar, sem preconceitos, um terreiro autêntico, pode comprovar isso. Mas a melhor definição é a dos Pais de Santo: "Orixá é Vento, Orixá é Tempo, Orixá é Axé". Axé: palavra intraduzível, força dinâmica e poder de realização, segurança, elemento central que distribui os lugares de cada indivíduo e de cada coisa dentro do culto; materialização de tudo isso em objetos consagrados aos Orixás.

Transpassando esse jogo simbólico, momento em que todo simbolismo arrebenta, a incorporação. Segundo um iaô: "eu tenho certa influência da alquimia. Os alquimistas dizem que há o macrocosmo, que é o universo, e o microcosmo, que é o homem e repete o macrocosmo. Assim Orixá está no mundo e em mim; é individual e universal. A incorporação, para mim, é o momento em que o Orixá de dentro e o de fora 'entram em sintonia'. Por isso, o mesmo Santo, em cada médium, se apresenta de uma forma diferente, mas assim mesmo dá para reconhecer. O que tem em comum é o que está do lado de fora; o que tem diferente é o que está do lado de dentro. Da mesma, Exu Tiriri Lonan nos disse: "vocês tem que mostrar a essa gente que pensa que sabe muito, só porque fez muito estudador; que o feitiço não é merda. Porque tem gente que só porque deu um passinho para frente pensa que o que ficou atrás não presta. Eu sou Exu, sou o diabo nessa Terra. Eu estou dentro da cabeça do meu burro (médium). Estou dentro da cabeça de vocês, mas estou também do lado de fora. Vocês pensam que são muito diferentes do mundo, mas não são. Vocês não são muito diferentes dessa árvore, não são diferentes da terra em que pisam, é tudo uma coisa só".

Está certo seu Tiriri. As pessoas que estudaram pensam a sua macumba como coisa de um povo primitivo, que deve ser respeitada para possibilitar alguma comunicação, que eles nem percebem, mas é totalmente de cima para baixo. Respeito irônico pelas crenças populares, vindo justamente daqueles que

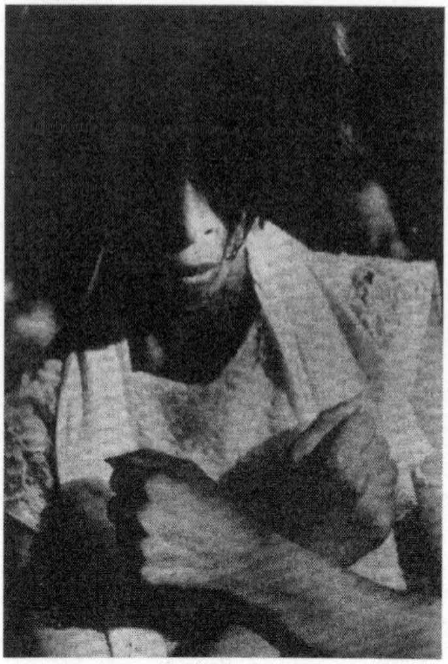

Figura 59: Médium incorporada com Caboclo. *Rádice*, n. 5, 1978. Foto de Luiz Claúdio Marigo e Robert Ostrowsky

dizem querer fazer alguma coisa pelo povo. O que eles não sabem é que a transformação verdadeira, neste país, tem que ser interna à cultura que foi criada aqui, e que só assim serão satisfeitas as necessidades que emanam, dia a dia, do povo mesmo.

Estávamos entrevistando um iaô, engenheiro, representante típico da classe média. Perguntamos como ele conciliava suas aspirações político-sociais com a vivência de macumbeiro. A resposta: "eu acho o seguinte: eu agora estou falando como entrevistado, não como a pessoa que sou. Eu agora estou sendo 'político', mas normalmente eu estou integrado na macumba, eu sou macumbeiro mesmo, e não posso fugir disso. Eu gostaria de viver, infelizmente não posso, junto com o pessoal que faz macumba para valer. Eu sou um cara de classe media, não vivo a macumba como o pessoal de lá vive, não vivo nem a décima parte do que eles vivem: faz parte da vida deles Lá no Centro mesmo você vê aquelas pessoas de lá que transpiram a macumba, aquilo está integrado no dia a dia delas. No meu dia a dia, e no de vocês, não está tanto. A gente vai a um Centro, eles fazem o Centro. É diferente. Eles fazem a macumba, eles é que mantém a macumba viva através dos tempos. De lá é que vão sair os Pais de Santo, os filhos

Figura 60: Médiuns em confraternização. *Rádice*, n. 5, 1978. Foto de Luiz Claúdio Marigo e Robert Ostrowsky

de santo, porque eles estão dentro daquele troço. Esse é que é o grande valor que eu vejo nesse pessoal, que é chamado arroz de macumba: eles vivem o Santo o dia inteiro. Assim como no Candomblé, por que essa tradição se manteve? Porque existiam pessoas assim, que se divertiam na macumba, as Mães de Santo participavam da vida deles, davam suas opiniões em tudo. Daí é que sai a verdadeira política. Não é eu sentar e me afastar do popular para fazer política. É assim que eu faço: eu dou minha contribuição pessoal vivenciada. Não é simplesmente ter uma ideologia e ficar curtindo ela".

Agradecemos a todos os médiuns e assistentes dos Terreiros que visitamos, em particular aos filhos de santo do Centro de Pai Benedito das Almas, em Campos Elísios, Estado do Rio. Um obrigado especial a Mãe Edith e a Jair Tata, yalorixá e babalorixá daquela Terra.

Joel Bueno e Jussara Lins

SENZALA E MACUMBA

Esta importante obra de Jacy Rêgo Barros, publicada pelo *Jornal do Comércio*, em 1939, faz uma observação geral sobre o problema das raças, entra a examinar o deslocamento do africano para o Brasil, e o seu processo de adaptação ao meio e aos costumes do senhor as variantes de costumes novos, criando nesta ou naquela especialidade, uma conduta afro-europeia ajustada à América. Na apresentação podemos ler:

> *Senzala e macumba*, não querendo apenas prestar serviços ao Catolicismo, não somente aborda o porquê do afro-espiritismo, como também o do afro-catolicismo, tendo São Benedito a frente; não move a seu autor o menor intuito de magoar estes ou aqueles crentes, pois a darmos credito ao Cristo, Deus deve ser compreendido em Espírito e Verdade, e não sob formas que apenas afirmam estados de cultura, como no caso de Olorum, da gente da senzala, que o cultuava na macumba.

Temas abordados no livro: Raças e migrações; escravidão negra; costumes, nostalgia, revolta e crenças; práticas religiosas; dos imigrantes em geral; cultura e sentimento; a imortalidade e o negro.

Este livro, atualmente, é encontrado apenas em sebos. Mostramos um trecho do livro onde o autor fala sobre a Cabula, culto que teve uma influência fundamental nas macumbas.

Como por vezes o meio não africano, porém atacado de frente pelo africanismo, entra em medidas repressivas contra as práticas africanas, o espírito negro religioso não se aniquila com isso, realizando, então, cultos mais secretos que os da macumba vulgar; e surge a Cabula, que se constitui em forma bem mais esotérica que a feita nos demais cultos. A Cabula intensifica o aspecto fitolátrico do culto, e realiza reuniões noturnas e secretas, nas clareiras em redor de árvores sacralizadas, como a gameleira, sessões a que são chamados os componentes do grupo religioso, ou seja, os *camanás*; sessões que tem ritos aproximados das formas secretas de religiões outras, que afirmam mesmo qualquer influência islamita, apontando um oriente iniciático que eles não sabem onde realmente se encontra.

A Cabula, cuja finalidade cultual é a mesma da Macumba e do Catimbó, deles difere profundamente nas realizações, com o seu *Embanda* à frente, dirigindo cerimônias muito sacerdotalmente, no *camucite*, pois esse é o ambiente. Os *camanás*, os elementos constitutivos dessa comunidade negra, seguem de perto os ritos orientados subsidiariamente pelos *cambonos*, havendo punições tremendas, quando desritimam suas palmas dos aplausos rítmicos, ou então quando se apaga a vela que o *Embanda* faz circular em redor do *camaná*. O castigo é sempre precedido por uma pergunta protocolar, como esta: "Por conta de quem, *ca-*

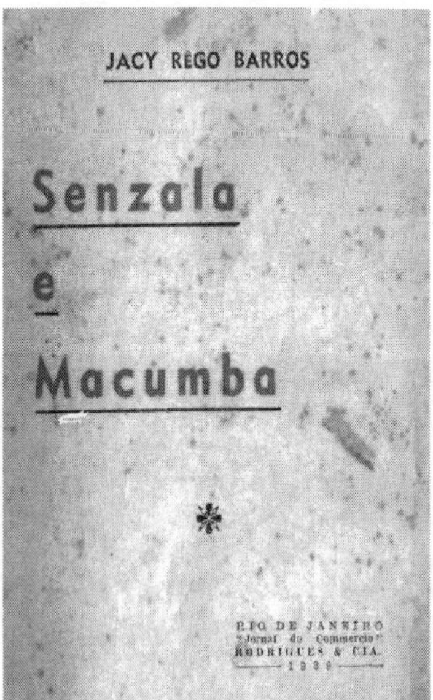

Figura 61: Capa do livro *Senzala e macumba*

maná não faz *cajecatu*?" Ou seja, se afasta do processo normal do culto.

As mesas diretoras do cerimonial, que se encontram nas sessões cabulistas, e que acham presentemente em todas as macumbas, mostram-nos uma direção litúrgica bem paralela à do ritual maçônico.

Quaisquer que sejam as sistematizações litúrgicas dos afro-brasileiros, na Macumba, no Catimbó, o Candomblé ou na Cabula, presididas pelo Pai de Santo ou pelo *Embanda* veiculando as suas evocações pelas "sete linhas" ou não, evocando *Tatá* ou *Oxogum*, nada mais vemos que esboços de primitivas crenças jogadas pela imigração negra ao longo de nosso Brasil aguardando as reações sincréticas, que fatalmente teriam de surgir.

MARIA PADILHA E TODA A SUA QUADRILHA

Marlyse Meyer

Esta obra mostra a saga de Maria Padilha na Corte do Reino de Castela e a sua presença nos terreiros das macumbas e Umbanda no Brasil. Marlyse Meyer trás para a obra toda sua longa experiência em estudos de cultura popular, articulando uma ponte entre a Pombagira e a feiticeira europeia. Foi amante do Rei Don Pedro. Sobre o Rei cita a autora:

Don Pedro nasceu em Burgos, a 30 de agosto de 1334, único filho legítimo de Don Afonso XI e de Dona Maria, filha de Dom Afonso V – o Bravo de Portugal. O jovem Rei começou se submetendo ao poderoso Albuquerque, que foi ministro de seu pai. Mas também logo deu provas de seu tino de legislador quando abriu as cortes de Valladolid, onde esmiuçou os cadernos de queixas de todas as ordens da sociedade e prescreveu sábias ordenações. Cita então Mérimée:[46]

É Albuquerque que, aliado à rainha-mãe, projeta o casamento de Don Pedro com a princesa Branca de Bourbon, sobrinha do Rei de França. Mas

> Ele percebeu que, para impedir o Rei de querer governar por si próprio era tempo de dar-lhe distrações mais poderosas do que os prazeres da caça. O

46 *Romans et Nouvelles.*

reinado de Don Afonso tinha provado o poder que pode exercer a amante real, e, prudente, o ministro não quis deixar ao acaso a escolha da mulher destinada a desempenhar um papel tão elevado. Temendo uma rival, ele preferiu ter uma aliada, ou melhor, uma escrava. Escolheu, por conseguinte, no lugar do Rei, mas enganou-se pesadamente. Acreditou encontrar a pessoa mais apta a servir seus desígnios em *Donã Maria de Padilla*, jovem da nobreza, criada na casa de sua mulher *Donã Isabel de Menezes*. Ela era órfã, de ilustre família... arruinada pelas três últimas guerras civis. Seu irmão e seu tio, pobres e ambiciosos, se prestaram – dizem – a esse vergonhoso mercado. Convencido de que *Donã Maria*, criada na sua casa, sempre o consideraria o seu amo, Albuquerque atirou sobre ela a atenção de Don Pedro e favoreceu ele próprio a sua primeira entrevista, que teve lugar durante a expedição das Astúrias. *Donã Maria de Padilla* era de pequena estatura, como a maioria das espanholas, bonita, viva, cheia dessa graça voluptuosa, particular às mulheres do sul e que nossa língua não sabe exprimir por nenhum termo.

Don Pedro apaixonou-se tão perdidamente por *Donã Maria de Padilla* que nem foi ao encontro de *Donã Blanca de Bourbon*, que já tinha chegado à Espanha desde o começo do ano de 1352. Em fevereiro de 1353, *Maria de Padilla* teve uma filha com o Rei, *Donã Beatriz*. Somente em 1353 Don Pedro partiu para Valladolid onde se encontrou com *Donã Blanca* e seu séquito. No inicio de 1353, deixou *Donã Maria de Padilla* no forte do Castelo de Montalvan, sob a guarda de um irmão bastardo de *Donã Maria*.

Ele mal olhava para *Donã Blanca*, apesar da sedução da jovem princesa. Dizia-se que isto fora obra de um feitiço deitado por *Maria de Padilla*. Em três de junho de 1353 casou-se com *Donã Blanca de Bourbon*. Dois dias depois abandonou a rainha para encontrar-se com *Donã Maria de Padilla* em Montalvan. E daí, seguiu com ela, para Toledo.

Don Pedro fazia tudo que a sua amante desejava, influindo inclusive na política real. Aconselhou o Rei que voltasse a

Valladolid durante algum tempo para rever sua mulher a fim de evitar um escândalo e salvar as aparências. O Rei obedeceu e ficou por dois dias no palácio de sua mulher. Mas voltou imediatamente para sua amante. Foi a última vez que viu a esposa. A desprezada foi levada para Tordesilhas, a residência, ou melhor, o exílio, a que a condenava Don Pedro.

Entre março e abril de 1354, o Rei se apaixonou por *Donã Juana de Castro* e ameaçou repudiar *Donã Maria de Padilla*, que estava grávida. O Rei, sempre esposo de *Donã Branca de Bourbon*, casou-se oficialmente, em abril, com *Donã Juana de Castro*. Abandonou-a no dia seguinte. Muitos encontros e desencontros aconteceram até que *Donã Maria de Padilla* morreu em julho de 1361, provavelmente vítima da epidemia então reinante. Mérimée[47] cita:

> A dor do Rei provou a sinceridade do seu apego (a Dona Maria Padilha). Ordenou magníficas exéquias e em todo reino foram celebrados serviços solenes para o descanso de sua alma com uma pompa extraordinária.

Dizem que Maria de Padilha aprendeu a arte da magia com um judeu cabalista que lhe ensinou muitos feitiços e magias e através destas conseguiu dominar o Rei de Castela completamente.

Uma tradição popular conta que ela presenteara a rainha Branca de Bourbon com um cinto de ouro que apareceu aos olhos fascinados do Rei como uma serpente viva.

No início do século XX Maria Padilha começou a se manifestar como Pombagira nos terreiros das macumbas cariocas e, em seguida, nos terreiros de Umbanda.

Marlyse Meyer cita que a Pombagira é a síntese social da mulher que, por excelência, se rebela aos padrões e normas convencionais. É a mulher bacante, poderosa e sabedora da magia. Ora é uma espanhola, ora uma cigana, ora uma dançarina da Praça Mauá, ora uma mulher do meretrício. Maria Padilha é a única a ter um nome próprio de registro civil.

O autor Molina cita dois interessantes pontos de Maria Padilha:

---

47 *Romans et Nouvelles.*

Sou mulher faceira!
Faceira, muito faceira
Já tive muita nobreza
Junto dos reis eu já vivi!
Minha caminhada é do tempo dos reis!
Mas ainda sou consagrada
Minha caminhada é muito grande
Meu nome é Maria Padilha dos Sete Cruzeiros da Calunga

Marlyse aponta a fala de Raquel Trindade:

A Maria Padilha, dizem que foi grande dama, da nobreza, mesmo; diz que ela era espanhola, com aquele jeito, sabe?

A autora cita:

> A sua história; nobreza espanhola, amante de um Rei, alto lugar na hierarquia da Corte, recorrendo à vingança para garantir sua posição. A sua beleza, mãos brancas, olhos negros, a formosa *Doña Maria de Padilla* ficou na lembrança dos poetas, anônimos ou dentre os maiores, até três séculos após sua existência. E nessa permanência no imaginário que forjou a Lei de Umbanda-Quimbanda, e, na preferência dos fiéis por ela e suas filhas, talvez se poderia ver ainda, brincando com o tempo, um tempo que insiste em ser teimosamente presente, como que uma reabilitação da vilipendiada *mala mujer, hechizera* que foi, em vida, *Doña Maria de Padilla*.

E, continua:

> Por que metamorfose foi passando a hermosa Maria de Padilha, de senhora de um Rei a senhora dos cemitérios? Qual a passagem da Maria de carne e osso e formosura a chefe da diabólica quadrilha? E por onde terá andado por aqui, já trans-

Figura 62: Capa do livro *Maria Padilha e toda a sua quadrilha*

formada pelas feiticeiras aqui degredadas, até incorporar a falange dos Exus?

Esta é uma muito importante para quem quer conhecer os meandros da história de Maria Padilha. Atualmente este livro só pode ser encontrado em sebos.

Figura 63: Capa do livro *A virgem da macumba* (1933) Benjamim Costallat

Figura 64: Macumba (1959). Pintura de Lívio Abramo

Figura 65: Macumba (1979). Pintura de Lívio Abramo

Figura 66: Macumba (1979). Pintura de Lívio Abramo

Figura 67: Macumba (1933). Pintura de Hélio Seelinger

Figura 68: Capa do livro *Batuque, samba e macumba* (1933) Desenho de Cecilia Meireles

Figura 69: Desenho reproduzido no livro *Batuque, samba e macumba* (1933). Cecilia Meireles

Figura 70: Orixá. Desenho a nanquim (1933). Cecilia Meireles

Figura 71: O toque do tambor (1934). Desenho de Cecilia Meireles

Figura 72: Cena de macumba (1960). Antônio Gomide

Figura 73: Cena de macumba (1955). Antônio Gomide

Figura 74: Transe mediúnico na macumba. Desenho de Carlos Cavalcantti. *O Cruzeiro*, n. 24, 20 de abril de 1933. Autorização de DA Press

Figura 75: Dançarinas da macumba. Desenho de Santa Rosa. *O Cruzeiro*, n. 20, 21 de março de 1936. Autorização de DA Press

Figura 76: Devota da macumba. Foto de Salomão Scliar. *O Cruzeiro*, n. 3, 09 de novembro de 1946. Autorização de DA Press

Figura 77: Material de um ritual de Macumba confiscado pela polícia carioca (1952)

Figura 78: Macumba. Desenho de Yantok. *Revista da Semana*, n. 13, 10 de março de 1954

Figura 79: Macumba. Pintura de Serita Zugasti. *Revista da Semana*, n. 45, 07 de novembro de 1942

Figura 80: Médium no congá de uma macumba. Revista *Fon Fon*, n. 2172, 20 de novembro de 1948

Georges Lapassade
e
Marco Aurélio Luz

O Segredo
da
Macumba

Paz e Terra

Figura 81: Frontispício do livro *Segredo da macumba* (1972), citado no capítulo introdutório desta obra

Figura 82: Orlandino Pimentel, considerado o maior macumbeiro do Rio de Janeiro, incorporado com o Caboclo Cobra Coral. *O Cruzeiro*, n. 3, 09 e novembro de 1946. Foto de Salomão Scliar. Autorização de DA Press

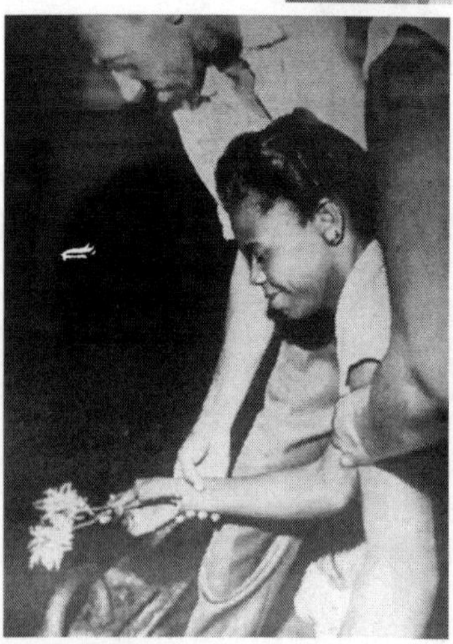

Figura 83: Médium oferecendo flores para Iemanjá. *O Cruzeiro*, n. 14, 17 de janeiro de 1953. Foto da equipe fotográfica de *O Cruzeiro*. Autorização de DA Press

Figura 84: Trabalho no mar para Iemanjá. *O Cruzeiro*, n. 16, 14 de janeiro de 1967. Foto da Henry Ballot. Autorização de DA Press

Figura 85: Médium incorporada em trabalho no mar para Iemanjá. *O Cruzeiro*, n. 16, 14 de janeiro de 1967. Foto da Henry Ballot. Autorização de DA Press

Figura 86: Charge mostrando um motorista se desviando de um despacho na encruzilhada. Desenho de Carlos Estevão. *O Cruzeiro*, n. 22, 15 de março de 1958. Autorização de DA Press

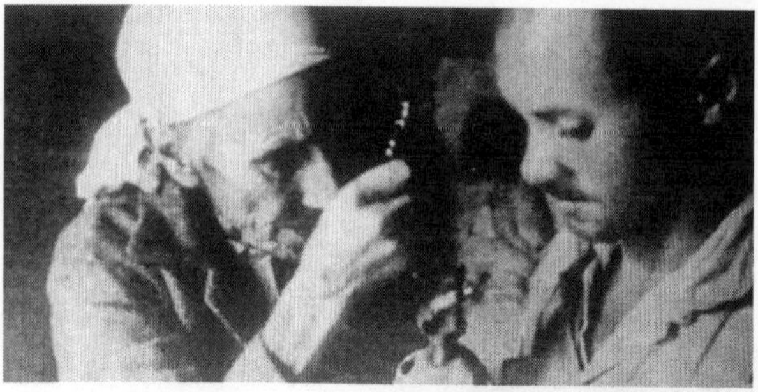

Figura 87: Preta Velha Vó Castorina atende um consulente. *O Cruzeiro*, n. 38, 09 de junho de 1968. Autorização de DA Press

Figura 88: O toque do tambor. *O Cruzeiro*, n. 2446, 27 de maio de 1978. Autorização de DA Press

Figura 89: O batismo de uma criança em uma macumba. *O Cruzeiro*, n. 2446, 27 de maio de 1978. Autorização de DA Press

Figura 90: Macumba. Oswaldo Goeldi

Figura 91: Despacho na encruzilhada. Oswaldo Goeldi

Figura 92: Cena de uma macumba. Desenho de Oswaldo Storns. *Correio da Manhã*, n. 10774, 09 de fevereiro de 1930

Figura 93: Em 1951, o fotógrafo José Medeiros registrou a iniciação de iaôs em um pequeno terreiro na Bahia. A matéria foi publicada na revista *O Cruzeiro* (n. 48, 15 de setembro de 1951) e foi o primeiro registro fotográfico de um ritual secreto da religião de matriz africana. Autorização de DA Press

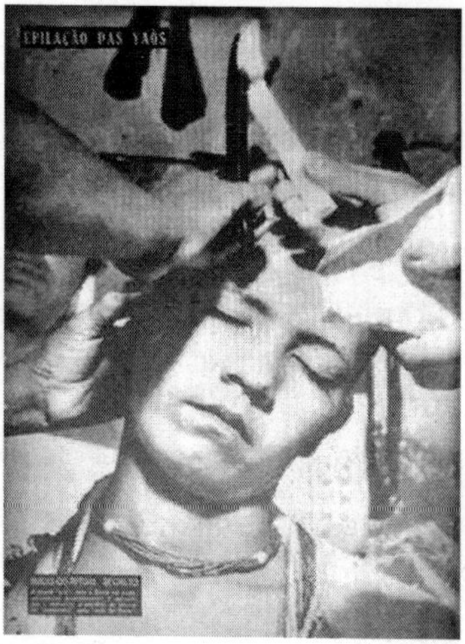

Figura 94: Inicio do ritual de iniciação de uma iaô. Foto de José Medeiros. *O Cruzeiro*, n. 48, 15 de setembro de 1951

Figura 95: Dona Lucia, Mãe de Santo da Tenda de Umbanda Caboclo Guaraci, comandando sua gira. Do livro ***Entre a cruz e a encruzilhada***, de Lísias Negrão

Figura 96: Caboclo Tupinanbá. Patrono da Seara de Tupinambá. Do livro *Magias de Umbanda*, de Jota Alves de Oliveira

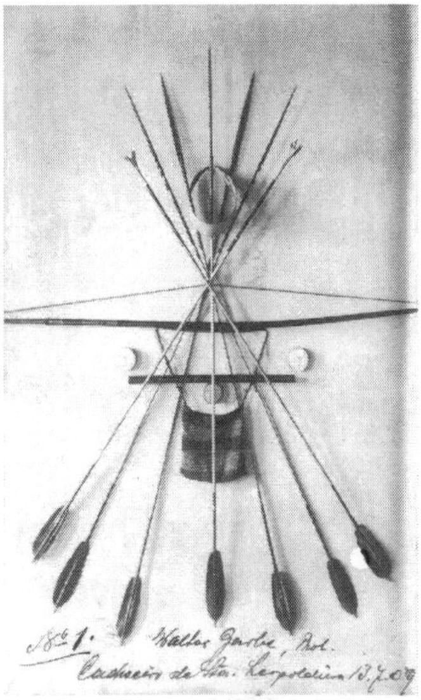

Figura 97: Índios Botocudos. Foto de Walter Garbe (1909)

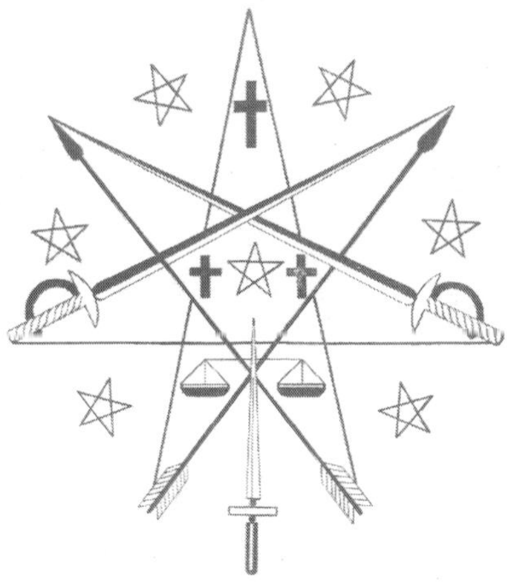

Figura 98: Ponto riscado do Caboclo Tira Teima. Do livro *Magias de Umbanda*, de Jota Alves de Oliveira

Figura 99: Fachada do famoso Centro Espírita Caminheiros da Verdade. Templo – Escola – Orfanato. Do livro *Magias de Umbanda*, de Jota Alves de Oliveira

Figura 100: Festa de Iemanjá. Foto de Antônio Carlos Lima. https://www.hiverminer.com

Figura 101: Folder sobre o 8º Festival de Curimba. Aldeia de Caboclos

Figura 102: Despacho na encruzilhada. *Diário da Tarde*, n. 17323, 17 de maio de 1951

Figura 103: Terreiro da Goméia (1959). Do livro *A Umbanda no Brasil*. Frei Boaventura Kloppengurg

Figura 104: Casa de artigos religiosos de Umbanda na Pavuna (1960). Do livro *A Umbanda no Brasil*. Frei Boaventura Kloppengurg

Figura 105: Congá de Umbanda (1960). *O Globo*

Figura 106: Culto a Iemanjá em praia do Rio de Janeiro (1959). *O Globo*

Figura 107: Imagem de Caboclo. *O Cruzeiro* (1959)

Figura 108: Arcanjo Miguel

Figura 109: Santo Onofre. Personagem popular nas macumbas paulistanas. Jusepe de Ribera (1642). Museum of Fine Arts, Boston

Figura 110: Leal de Souza na festa do Lyceo de Artes e Oficios (1911). Revista *Fon Fon*, n. 49, 4 de dezembro de 1915

REFERÊNCIAS

BASTIDE, Roger. *As religiões africanas no Brasil*. 3 ed. São Paulo: Pioneira, 1975.

_____________. *O Candomblé da Bahia*. São Paulo: Companhia Editora Nacional, 1961.

BOTELHO, Jorge. *Sincretismo Religioso e suas origens no Brasil*. Disponível em:
< http://estudodaumbanda.wordpress.com> Acesso em: 01/11/2011.

BROWN, Diana (org.). Uma história da Umbanda no Rio. In: Brown, Diana (org.). *Umbanda & Política*. Rio de Janeiro: Marco Zero, 1985.

CARNEIRO, Edison. *Os candomblés da Bahia*. 2 ed. Rio de Janeiro: Andes, 1954.

CENTRO E`SPÍRITA URUBATAN. *Envolvimento Politico*. Disponível em:
<http://www.centroespiritaurubatan.com.br> Acesso em: 03/07/2017.

CINTRA, Raimundo. *Candomblé e Umbanda*: o desafio brasileiro. São Paulo: Edições Paulinas, 1985.

CUMINO, Alexandre. *Umbandista sim, macumbeiro também*. Jornal de Umbanda Sagrada, outubro de 2011.

DANTAS, Beatriz Gois. *De feiticeiro a comunista*: acusações sobre o candomblé. Disponível em:
<http://www.sites.google. com/site/severodacelino/bancodetextoscom.br>
Acesso em: 04/07/2017.

LAPOENTE, Waldemar Alvarenga. *A luta pela Goméia e o resgate da História*. In: Projeto Centro Cultural Joãozinho da Goméia.
Disponível em: <http://ccjgomeia.blogspot.com.br> Acesso em:

04/07/2017.
LUZ, Marco Aurélio & LAPASSADE, Georges. *O segredo da Macumba*. Rio de Janeiro: Paz e Terra, 1973.
MALANDRINO, Brígida Carla. *Macumba e Umbanda*: aproximações. Disponível em: < http://www.abhr.org.br > Acesso em: 14/11/2011.
MATTA e SILVA, W.W. *Umbanda do Brasil*. 3 ed. São Paulo: Ícone, 2000.
________. *Umbanda e o Poder da Mediunidade*. 4 ed. São Paulo: Ícone, 1997.
MÉRRIMÉ, Prosper. *Romans et Nouvelles*. Paris: Garnier, 1967.
MEYER, Marlyse. *Maria Padilha e toda a sua quadrilha*. São Paulo: Livraria Duas Cidades, 1993.
MOLINA, N. A. *Saravá Maria Padilha*. Rio de Janeiro: Espiritualista, 1970.
NEGRÃO, Lísias. Magia e religião na Umbanda. São Paulo: Revista USP n°: 31, 1996, pp.76-89. Disponível em: <http://www.usp.br/revistausp/31/07-lisias.pdf.>
Acesso: 04/07/2017.
________. *Entre a cruz e a encruzilhada*. São Paulo: Edusp, 1996.
NEVES, Marcia Cristina A. *Do Vodu à Macumba*. São Paulo: Tríade, 1991.
PEREIRA, Rodrigo. *Sucessão e liminaridade: o caso do Terreiro da Goméia*. Tessituras, Pelotas, v. 3, n. 1, p. 372 - 402, jan./jun, 2015.
OLIVEIRA, José Henrique Motta. *Das macumbas à Umbanda*: uma análise histórica da construção de uma religião brasileira. Limeira: 2008.
RAMOS, Arthur. *As culturas negras no novo mundo*. São Paulo: Companhia Editora Nacional, 1979.
RIO, João do (Paulo Barreto). *As Religiões no Rio*. Rio de Janeiro: Nova Aguilar, 1976.
RODRIGUES, Nina. *Os Africanos no Brasil*. Coleção Brasiliana. São Paulo: Companhia Editora Nacional, 1945.
SILVA, Vagner Goncalves. *Candomblé e Umbanda*: caminhos da devoção brasileira. São Paulo: Selo Negro, 2005.
TRINDADE, Diamantino F. *Você sabe o que é macumba? Você sabe o que é Exu?* São Paulo: Ícone, 2012.
TRINDADE, Liana. *Exu:poder e perigo*. São Paulo: Ícone, 1985.
________. *Conflitos sociais e magia*. São Paulo: Hucitec – Terceira Margem, 2000.
VALENTE, Waldemar. *Sincretismo Afro-Brasileiro*. 3 ed. São Paulo: Companhia Editora Nacional, 1977.

SOBRE O AUTOR

• Professor do curso de pós-graduação em História e Cultura Afro-Brasileira do Centro Universitário Salesiano (UNISAL).

• Professor (aposentado) do Instituto Federal de Educação Tecnológica de São Paulo (IFSP) onde lecionou as disciplinas: Química, Fundamentos da Educação, Psicologia da Educação, História da Ciência e Epistemologia do Ensino.

• Lecionou como professor emérito na Universidade Cidade de São Paulo e professor adjunto nas Faculdades Oswaldo Cruz, Universidade de Santo Amaro e Universidade de Guarulhos.

• Pesquisador CNPq.

• Pesquisador do Grupo de Estudos e Pesquisa em Interdisciplinaridade (GEPI) da PUC-SP.

• Mestre em Educação pela Universidade Cidade de São Paulo.

• Master Science in Education Science by City University Los Angeles.

• Doutor em Educação pela PUC-SP.

• Pós-Doutor em Educação pelo GEPI-PUCSP.

• Autor de livros sobre Educação e Ciências: *A História da História da Ciência*, *Temas Especiais de Educação e Ciências*, *O Ponto de Mutação no Ensino das Ciências*, *Os Caminhos da Educação e da Ciência no Brasil*, *Leituras Especiais sobre Ciências e Educação*, *O olhar de Hórus: uma perspectiva interdisciplinar do ensino da História da Ciência*, *Química Básica Teórica*, *Química Básica Experimental*, *Médicos e Heróis*: *os caminhos da Medicina brasileira desde a chegada da Família Real até as primeiras décadas da República* e *Personagens da Ciência Brasileira*.

• Autor de livros sobre Umbanda: *Umbanda e sua história, Umbanda Brasileira: um século de história, Umbanda: um ensaio de ecletismo, Iniciação à Umbanda, Os Orixás na Umbanda e no Candomblé, Manual do Médium de Umbanda, A construção histórica da literatura umbandista, Antônio Eliezer Leal de Souza: o primeiro escritor da Umbanda, Memórias da Umbanda do Brasil, Você sabe o que é Macumba? Você sabe o que é Exu?, História da Umbanda no Brasil, História da Umbanda no Brasil - Volume 2: A Umbanda nos Jornais do Rio de Janeiro, História da Umbanda no Brasil - Volume 3: Memórias de uma religião, História da Umbanda no Brasil - Volume 4: Registros históricos, História da Umbanda no Brasil - Volume 5: Documentos históricos, História da Umbanda no Brasil - Volume 6: Registros históricos periódicos* e *Retratos e Registros Históricos da Umbanda.*

• *Past Master* da Loja Maçônica Cavaleiros de São Jorge (Grande Oriente do Brasil).

• Membro da Escola Superior de Guerra.

• Médium do Templo de Umbanda Ogum Beira-Mar, dirigido por Edison Cardoso de Oliveira, entre 1981 e 1989.

• Vice Presidente da Federação Umbandista do Grande ABC entre 1985 e 1989 e Membro do Conselho Consultivo do Superior Órgão de Umbanda do Estado de São Paulo no mesmo período.

• Relator do Fórum de Debates: *A Umbanda e a Constituinte*, realizado na Assembleia Legislativa de São Paulo, em 1988.

• Colunista do Jornal *Notícias Populares*, em 1989, escrevendo aos domingos sobre a história e os ritos da Umbanda.

• Pesquisou a Umbanda e os cultos afro-brasileiros em diversos terreiros, visitando várias vezes a Tenda Nossa Senhora da Piedade e a Cabana de Pai Antônio onde conviveu com Zélia de Moraes e Zilméia de Moraes.

• Dirigiu o Templo da Confraria da Estrela Dourada do Caboclo Sete Lanças entre 1993 e 1999.

• Colunista do *Jornal de Umbanda Sagrada* entre 2008/2009.

• Colunista do Jornal *Aldeia de Caboclos* desde 2013.

• Atualmente é sacerdote do Templo de Umbanda da Estrela Lilás (T.U.E.L.) - Cabana de Pai Benguela.

• Sacerdote de Orunmilá-Ifá iniciado pelo Babáláwò Ifatoki Adekunle Aderonmu Ògúnjimi (Babalaw*o Ifasoya Ifadaisi Agbole Obemo*).

• Iniciado na Raiz de Guiné (*Hanamatan Ramayane*).

Iniciado e consagrado na Kimbanda das Almas (*Tata Egungun Inu Afefé*).

HISTÓRIA DA UMBANDA NO BRASIL - VOL. 7
foi confeccionado em impressão digital, em julho de 2025
Conhecimento Editorial Ltda
(19) 3451-5440 — conhecimento@edconhecimento.com.br
Impresso em Luxcream 70g - StoraEnso